La Pierre qui Vire
Easter Sunday 2016

CW01626676

LA RÈGLE DE SAINT BENOÎT

LA RÈGLE DE SAINT BENOÎT

présentée par Sœur Lazare de Seilhac, osb

Citations bibliques, notes, index
revus par Sœur Véronique Dupont, osb

LA TRADITION, SOURCE DE VIE, n° 2
ABBAYE DE BELLEFONTAINE

LA TRADITION, SOURCE DE VIE, n° 2

Cette traduction est due à la collaboration de plusieurs monastères bénédictins et cisterciens de France et d'Afrique, sous l'impulsion de l'Alliance Inter-Monastères (AIM) et la direction de Lydie H.K. Rivière, xavière. Elle a été révisée par le Père Adalbert de Vogüé, le Père André Borias et Mère Françoise de Brantes.

Elle a été éditée à plusieurs reprises :

- Dans la collection *Témoins du Christ*, édition conjointe de l'AIM et SODEC (Société d'édition de l'Abbaye Saint-Benoît d'En Calcat) ; 1ère édition 1986.

- Aux éditions Médiaspaul, avec la *Vie de Saint Benoît* par saint Grégoire le Grand, présentation par le Père André Borias, 1ère édition 1994.

- Aux éditions Bayard/Centurion, dans le volume *Les moines d'Occident*, collection *l'Église des Pères*, introduction par le Père Philippe de Lignerolles (†) et Sœur Lazare de Seilhac, édition 1996.

La présente édition ouvre une collection de textes qui représentent, chacun à leur manière, « La Tradition, source de vie » .

Couverture :

Moines bénédictins dans le cloître avant les vêpres.
© *Abbaye de la Pierre-qui-Vire*

Tous droits réservés
© 2005/2008/2011 - Abbaye de Bellefontaine
49122 Bégrolles en Mauges (France)
editions@bellefontaine-abbaye.com
www.bellefontaine-abbaye.com
ISBN 2-85589-302-10
ISSN 1950-2036

QUELQUES JALONS POUR LIRE LA RÈGLE DE SAINT BENOÎT

Au début du XXIe siècle, des milliers de chrétiens à travers tous les continents, hommes et femmes, dans des monastères, dans la vie d'oblats, se mettent encore à l'école de la Règle de saint Benoît pour vivre en disciples du Christ, l'unique Seigneur. Depuis le milieu du VIe siècle où ce bref ouvrage fut composé pour des monastères d'Italie, des générations ont été façonnées par sa sagesse. Comment tant d'hommes et de femmes, dans des conditions si différentes, ont-ils trouvé et trouvent-ils aujourd'hui encore dans ces pages la lumière pour leur chemin, une Parole de Vie ? C'est à la Règle elle-même que nous demanderons où chercher la réponse à cette question ; les pages qui suivent ont pour seul but de faire entrevoir comment cet écrit culturellement si distant, rejoint ceux qui cherchent Dieu dans la profondeur de leur humanité et de leur désir spirituel.

Au dernier chapitre de la Règle, Benoît explique ce qu'il a voulu faire (chapitre 73) ; dans la pédagogie monastique comme dans la pédagogie de l'initiation chrétienne, l'expérience doit précéder l'explication. Benoît s'est adressé à des chrétiens qui ont soif de vivre en plénitude et il leur a proposé une perspective sans limites : entendre la parole que Dieu leur dit par toutes les pages de l'Ancien et du Nouveau Testament ; recevoir le message de foi des Pères de l'Église ; se faire disciples des Pères monastiques, ces chercheurs de Dieu à la sagesse reconnue. Devant un si vaste horizon, comment se mettre en route ? Il faut regarder loin et haut pour viser un but à la mesure de ce que le cœur désire, il faut savoir aussi dans quel sentier s'engager. C'est la raison d'être des indications que donne la Règle : « Toi qui débutes, fais ces choses simples que nous avons apprises de l'expérience, dure dans ton propos, et tu vivras. » Où conduit le chemin ainsi tracé ? « Ce que l'œil n'a pas vu, ce que l'oreille na pas entendu, voilà ce que Dieu a préparé à ceux qui l'aiment » *(1 Corinthiens 2, 9)*.

Ce que nous appelons la Règle de saint Benoît devrait en fait s'appeler un « recueil monastique », car dans ce livret sont rassemblés deux types de textes d'origine et de nature différentes : les uns (du Prologue au chapitre 7, à l'exception du chapitre 3) exposent la doctrine spirituelle reçue de la Tradition de l'Église et de la Tradition monastique ; les autres (du chapitre 8 au chapitre 71) décrivent la pratique quotidienne des monastères. Les chapitres de doctrine disent quelle transformation l'Esprit Saint opérera dans le cœur du moine ; les chapitres de pratique expliquent par quels moyens concrets cette transformation spirituelle va pénétrer toute l'activité de la communauté et tout l'être de chaque frère. C'est cette description de la pratique qui mérite à proprement parler le nom de Règle[1]. Le chapitre 72, enfin, met sous nos yeux le tableau des frères parvenus ensemble, sous le feu de l'Esprit, à la plénitude de la charité.

C'est probablement au cours du deuxième quart du VIe siècle que Benoît compose progressivement ce recueil : il se sert de textes qui existent déjà dans la tradition chrétienne et dans la tradition spécifiquement monastique, il les copie ou les modifie, il rédige lui-même de nouveaux chapitres, il reprend parfois son œuvre à la lumière de nouvelles expériences. Il a en vue la communauté des moines du Mont-Cassin, mais envisage que la Règle qu'il met au point puisse être utilisée dans d'autres monastères en Italie, ou peut-être même sous d'autres climats.

---

1. Les contemporains de Benoît désignent du nom de *Regula* les instructions pratiques qui régissent la vie quotidienne du monastère.

En constituant ainsi son recueil, Benoît agit de la même manière que les législateurs qui l'ont précédé : il se situe en héritier de plusieurs siècles de monachisme tant en Orient qu'en Occident. Il emprunte largement à une œuvre dont l'origine reste assez obscure et qu'on appellera beaucoup plus tard la *Règle du Maître*[2], il en suit la structure, il en retranscrit des chapitres entiers, tout en y changeant bien des expressions. Il connaît probablement un autre recueil, parent de cette *Règle du Maître,* entièrement constitué de textes monastiques antérieurs et attribué à un abbé napolitain de la première moitié du VIe siècle, Eugippe. Benoît est familier des problèmes quotidiens de la conversion cénobitique et il les trouve aussi exposés dans un bon nombre de Règles issues principalement de la tradition augustinienne et de celle du monastère de Lérins. Tous ces textes font partie du bien commun des moines.

Sans nous demander ici de quelle manière Benoît a pu emprunter à ses devanciers, nous chercherons quelques clés de compréhension de sa Règle dans la nature même des textes qui y sont rassemblés.

Les chapitres de doctrine spirituelle

Deux chapitres, le Prologue et le chapitre 4, sont des textes baptismaux.

Le Prologue est un fragment d'une longue catéchèse destinée à l'enseignement des néophytes[3]. Les thèmes dont elle est tissée : l'éveil, la lumière, l'écoute, le chemin, le

2. Au début du Xe siècle, Benoît d'Aniane rassembla en un seul recueil toutes les Règles monastiques connues ; l'une d'elles, particulièrement développée, ne portait pas de nom d'auteur. Le titre de chacun de ses 95 chapitres se présentait comme une question suivie de la formule : « Le Seigneur a répondu par le Maître » ; Benoît d'Aniane lui donna donc pour titre « *La Règle du Maître* ».

3. Cette catéchèse complète se trouve dans la *Règle du Maître*. On a conservé des catéchèses des diverses Églises, par exemple les catéchèses

combat spirituel, la demeure sont des thèmes traditionnels de l'initiation chrétienne, tant en Occident qu'en Orient[4].

Le chapitre 4 : « Quels outils utiliser pour faire le bien » est un de ces catalogues de brefs préceptes, pour la plupart tirés de l'Écriture, utilisés soit pour dire aux catéchumènes dans quelle voie ils sont invités à s'engager, soit pour rappeler aux baptisés les exigences de leur vie de chrétiens. Dans toutes les Églises on trouvait des listes de cette sorte, dont un fond commun venait du judaïsme[5].

Ce choix suffit à dire ce qu'est le moine chrétien : un baptisé que la voix du Seigneur appelle sur les chemins de l'Évangile. Ces deux textes baptismaux sont complétés et précisés par la mention de conditions concrètes d'existence : demeurer dans un monastère, en communauté, et cela pour toujours (Prologue, 50 ; chapitre 4, 75-78), en travaillant à obéir (Prologue, 2). C'est simple et radical. Dès le premier chapitre, Benoît, comme l'avait fait l'auteur de la *Règle du Maître,* explique à qui il s'adresse : à des « cénobites » ; ils « vivent ensemble dans un monastère ». Ils combattent au service de Dieu, guidés par « une Règle et un abbé » (chapitre 1, 2). D'autres moines, les ermites, vivent dans la solitude le même combat spirituel, mais la Règle s'adresse à ceux qui

---

prononcées par Cyrille à Jérusalem, par Ambroise à Milan, par Augustin à Hippone, par Jean Chrysostome à Antioche. Les catéchèses sont destinées soit à préparer les catéchumènes au baptême, soit à expliquer les rites après la célébration, soit à affermir les nouveaux baptisés, appelés néophytes. C'est un genre littéraire spécifiquement chrétien.

4. À titre d'exemple on peut citer le thème des oreilles ouvertes chez Ambroise de Milan, *Des Mystères,* I, 3 - le thème de l'éveil chez Cyrille de Jérusalem, *Catéchèses mystagogiques,* II, 7 - le thème de la lumière, *Catéchèse mystagogique,* II, 4 - le thème du combat, *Catéchèse mystagogique,* I, 4-10 ; III, 4 ; Augustin, *Sermon 216 aux jeunes baptisés.*

5. Par exemple en Syrie, dans la *Doctrine des Apôtres (Didakhè),* I-V. En dehors de la tradition judéo-chrétienne, les grandes traditions religieuses présentent des listes analogues.

mènent la vie commune. L'abbé doit être le guide des cénobites et celui à qui ils obéiront. Le chapitre 2 lui présente les exigences de sa mission[6].

Un autre chapitre de doctrine, qui n'est pas d'origine baptismale mais vient de la tradition spécifiquement monastique, le chapitre 7, « Devenir humble », précise par quelle voie l'Esprit Saint conduira le disciple à la charité de Dieu : l'humilité, à l'imitation du Christ et pour son amour. Cet itinéraire est présenté sous l'image d'une échelle, image qu'utilisent la plupart des grandes religions pour décrire les progrès dans la vie spirituelle. Certains des douze échelons de cette échelle ont déjà été évoqués dans les chapitres précédents : « Obéir » (chapitre 5) et « Garder le silence » (chapitre 6).

Au terme de ces sept chapitres, le regard a été orienté vers les sommets ; le débutant va apprendre à travers toutes les circonstances quotidiennes à se laisser convertir pour ne rien faire passer avant l'amour du Christ.

LES CHAPITRES DE PRATIQUE

Comme toutes les Règles monastiques, les chapitres 8 à 71 de la Règle de saint Benoît vont disposer les éléments constitutifs de la vie d'une communauté où tout est ordonné à la recherche de Dieu[7], chapitres dont les détails sont très concrets, mais où une phrase peut suffire à évoquer la doctrine et donner le sens spirituel de toutes les prescriptions.

6. Le chapitre 3, « La réunion des frères en conseil », aussitôt après le directoire de l'abbé, fait voir cette communauté vivante et sa manière de se laisser éclairer par la Règle.

7. Les plus anciennes règles monastiques connues en Occident sont la *Règle de saint Augustin* et l'*Ordo monasterii* (« Comment on vit au monastère »). Très brèves, elles mettent bien en lumière ces éléments fondamentaux. Un bon nombre des règles monastiques antérieures à Benoît ou contemporaines ont utilisé ces deux textes.

Il n'est pas nécessaire pour une juste interprétation de la Règle d'entrer dans les problèmes complexes de sa composition progressive, mais y discerner quelques grands ensembles peut éclairer sa lecture. Nous essaierons de présenter quelques-uns de ces ensembles et leur sens, sans tenter de mentionner la totalité des questions abordées par la Règle malgré leur importance.

Prière liturgique *(chapitres 8 à 20)*

Toute la tradition judéo-chrétienne l'enseigne, là où il y a une communauté de croyants, elle se réunit pour prier à des heures régulières, déterminées par le cycle du soleil et par le rythme de la vie humaine[8]; ces heures structurent la journée des moines : temps de prière constitués par la psalmodie, l'écoute de la Parole de Dieu, une part de prière silencieuse. Ces temps fixés sont indissociables de la prière continuelle tout au long du jour, qui est le fruit de la pureté du cœur; on ne sépare pas davantage le service de la grandeur de Dieu et la communion fraternelle (chapitres 19; 20; 13, 12-13).

Conversion des frères difficiles *(chapitres 23 à 30)*

Les frères sont venus au monastère pour apprendre à combattre les forces du mal (chapitre 1, 4-5). Ce mal, ils vont le découvrir en eux-mêmes et dans leurs frères, et il ne faut pas s'étonner de voir que bien des chutes sont prévues, fautes légères et fautes graves, après lesquelles le moine doit être remis dans le droit chemin. C'est la responsabilité de l'abbé et des anciens d'aider cette conversion. La Règle leur offre une sorte de petit manuel pour les guider dans le discernement des remèdes à appliquer, sans craindre la rigueur, car c'est une tâche rude d'attaquer jusqu'à la racine les tendances au mal. Certains détails de

8. Par exemple : Tertullien, *La Prière,* 25 ; Origène, *La Prière,* 12 ; Cyprien de Carthage, *La prière du Seigneur,* 34.

ces chapitres peuvent surprendre dans le contexte du XXIe siècle, il faut en voir la portée véritable, correspondant à l'expérience des moines du VIe siècle : prendre pour guérir les maladies spirituelles des moyens qui atteignent toute la personne, le cœur et le corps, en allant jusqu'à exclure temporairement de la vie commune, à imposer des jeûnes ou même des coups. Il s'agit d'une thérapie où toute la communauté, avec l'abbé et les anciens, concourt à la conversion d'un de ses membres. D'autres chapitres (43 à 46) diront aux frères qui méritent des sanctions comment ils doivent eux-mêmes réparer leurs fautes graves ou légères. Des rapprochements avec la discipline de la pénitence dans les premiers siècles de l'Église peuvent éclairer la signification de cette pédagogie [9].

Repas communs et jeûnes *(chapitres 35 à 41)*

Un homme ne peut pas vivre sans manger ; un chrétien ne peut pas vivre sans prier. La caractéristique des cénobites est de poser ensemble ces actes sans lesquels la vie s'éteint : de même qu'ils prient ensemble, ils mangent ensemble. Manger est une nécessité pour toute créature ; prendre les repas en commun n'est ni un usage de tous les temps, ni un usage de tous les milieux ou de toutes les cultures ; mais c'est un élément constitutif de la vie de la communauté. De même qu'un groupe de chapitres était consacré à la prière commune, un ensemble traite de tout ce qui concerne les repas afin que se déploie leur portée spirituelle : le service de la cuisine, les frères fragiles en raison de la maladie ou de l'âge, la lecture qui doit alimenter l'esprit pendant que le corps se refait, la mesure de la nourriture et de la boisson, l'horaire ; par là même est située la valeur du jeûne, puisque jeûner consistait à retarder le plus

9. Par exemple, Tertullien, *De la Pénitence ;* Ambroise de Milan, *De la Pénitence.*

possible le moment où l'on prenait de la nourriture, afin que le corps passe de longues heures dans un état de légèreté favorable à la prière.

Travail et lecture *(chapitre 48)*

Un chapitre majeur est consacré à l'horaire. En établissant le déroulement des journées selon les saisons, la Règle présente deux autres éléments constitutifs de la vie monastique : pour mener le combat spirituel contre les ennemis de l'âme les frères, dans l'intervalle des offices et des repas, vont consacrer le temps alternativement à la lecture et au travail des mains. Que lisent les frères, à quels genres de travaux s'appliquent-ils ? c'est par d'autres chapitres que nous pourrons l'apprendre ; ici les grands équilibres de leur existence sont déterminés, c'est dans le réalisme de la condition humaine qu'est tracé pour les moines le chemin qui conduit à Dieu. C'est l'être tout entier qui se laisse unifier, qui devient « moine » (*monos*), le corps qui travaille, l'intelligence qui lit, le cœur qui se donne dans l'attention à la Parole sainte et dans le service des frères et des hôtes.

Cette quête spirituelle inspire toutes les dispositions de la Règle, celles qui touchent à l'économie comme celles qui touchent aux divers responsables dans la communauté, mais elle est évoquée avec une grande sobriété. Si Benoît invite le moine à trouver Dieu en tout, il lui laisse découvrir par sa propre expérience quotidienne jusqu'où conduit cette voie. Sans l'inspiration et la lumière données par les chapitres de doctrine spirituelle, saisirait-il la portée évangélique de cette manière d'organiser la vie ? Mais sans ces dispositions concrètes, enracinées dans bien des nécessités humaines, la doctrine ne resterait-elle pas un rêve[10] ?

---

10. Le Prologue et les sept premiers chapitres ont donné les bases doctrinales de la Règle, en les empruntant à la tradition comme nous l'avons souligné à plusieurs reprises. Mais pour Benoît ce n'est que le minimum

Intégration de nouveaux frères *(chapitres 58 à 63)*

La doctrine spirituelle la plus sûre, la règle pratique la plus sage ne suffisent pas : seuls ceux qui « cherchent vraiment Dieu » trouveront la vraie vie à travers le labeur proposé à l'intérieur du monastère. Il faut l'expérience d'un père spirituel pour reconnaître si un homme a reçu l'invitation à marcher par une telle voie, afin de ne pas engager dans une impasse celui qui serait appelé à mener dans d'autres conditions sa vie de baptisé. C'est pourquoi la Règle offre à l'abbé et aux anciens qui le secondent un vrai manuel de discernement : comment accueillir les candidats selon leur âge, leur état de laïc ou de prêtre, et même les moines venus d'autres monastères[11] ? Comment constituer avec ces hommes si divers une communauté de frères dans le Christ ?

LE MOINE ET LA COMMUNAUTÉ

Dans les groupes de chapitres que nous avons pu distinguer, on voit cette communauté agir comme un corps dont l'abbé est la tête (chapitre 3). L'attention au tempérament, à la personnalité, à l'attitude profonde de chacun des frères est, certes, sans cesse soulignée, mais les dispositions prises par toute règle concernent principalement l'existence d'un groupe. Dans ce groupe, tous les biens sont mis en commun, tout est le bien du monastère, personne

---

indispensable ; le chapitre 73 invite à de bien plus vastes lectures dans l'Écriture et chez les Pères. Les quelques exemples donnés dans les notes de cette introduction ont pour but de suggérer un tel élargissement, qui permet de mieux situer la Règle à l'intérieur de la vie de l'Église et du courant monastique, donc de mieux la comprendre.

11. La Règle indique des moyens de discernement, elle ne précise pas ce qu'on enseigne aux candidats. C'est avec la lecture de l'Écriture et en se référant en particulier aux écrits de Basile et de Cassien, conseillés au chapitre 73, que l'on commencera à former les futurs moines (Basile, *Grandes Règles* ; Cassien, *Institutions*, IV).

n'a rien en propre et l'on donne à chacun selon ses besoins (chapitre 32 à 34).

On peut se demander, après avoir dégagé ces quelques ensembles, si le monastère ne présente pas le risque d'une vie collective où, au nom du bien commun, l'intériorité du frère serait comme étouffée ; pourra-t-il devenir cet être unifié, fondamentalement solitaire, unique en Dieu et pour Dieu, que dit son nom de moine ? Cette tension est inévitable ; elle est différente selon les pays et les époques : insistance dans certaines cultures sur la totale intégration au groupe, insistance dans d'autres sur l'autonomie de l'individu.

Benoît ne semble pas connaître ce genre d'opposition ; lui qui parle toujours en « nous », dès l'ouverture du Prologue et au dernier verset du dernier chapitre de sa Règle s'adresse au candidat à la vie monastique par le mot le plus personnel qui le reconnaît comme unique : « Toi ».

Une fois bien organisés la communauté des frères et ses rapports avec le reste du monde (chapitres 8 à 66), il complète sa Règle par quatre chapitres uniquement consacrés aux relations réciproques de chaque frère avec l'abbé et avec ses autres frères (chapitres 68 à 71) : relations d'obéissance principalement, car « c'est le chemin par lequel on va à Dieu » ; relations aussi de respect et de délicatesse ; ces frères ne sont pas juxtaposés, ne faisant que suivre ensemble la même discipline : chacun se construit et aide les autres à se construire par des rapports personnels.

Après l'horaire commun du travail et de la lecture, il y avait eu un chapitre sur le Carême (chapitre 49), acte ecclésial par excellence, « les moines doivent toujours vivre comme pendant le Carême[12] ». Or aucun chapitre n'insiste davan-

12. Le début du chapitre 49 reproduit en l'appliquant à la vie monastique un fragment du IVe *Sermon pour le Carême* du pape Léon le Grand s'adressant aux chrétiens.

tage sur la prière « seul devant Dieu », la lecture, l'application silencieuse du cœur au souvenir de Dieu, les privations personnelles ; le moine « offre librement à Dieu et avec la joie de l'Esprit Saint quelque chose en plus de ce qu'on lui demande ». Le même Esprit qui brûle le cœur des moines pour les faire vivre dans la communion fraternelle (chapitre 72) inspire à chacun sa manière propre et unique de participer à la sainte Pâque du Christ.

C'est par cet Esprit que les moines sortent de leur sommeil, que leurs yeux s'ouvrent à la lumière de Dieu, qu'ils marchent ensemble sur le chemin de la vie éternelle.

Réfléchir sur la nature des chapitres de la Règle et sur les questions dont ils traitent suffit pour parvenir au cœur du mystère monastique. Vient le moment d'approfondir leur contenu : il est inépuisable. Certaines expressions, certaines manières de faire peuvent être déconcertantes ; il est bon qu'elles nous rappellent la distance qui nous sépare de ce texte. C'est un champ qu'il faut labourer et qui ne livre pas d'un seul coup le trésor caché ; par cette distance même nous découvrons que la Règle rejoint les expériences humaines les plus fondamentales et les plus quotidiennes, toujours vécues dans une culture particulière. À travers une pratique marquée par le lieu et le temps transparaissent la grâce et les exigences d'un unique baptême.

Sœur Lazare de Seilhac, osb

RÈGLE

DE

SAINT BENOÎT

Les titres des chapitres font partie de la Règle.

On trouvera à la fin de la Règle (pages 143 - 147) un vocabulaire des mots importants. Quand on rencontre un de ces mots pour la première fois dans un chapitre, il est indiqué par un astérisque (*).

Les psaumes sont cités selon la numérotation du Psautier liturgique.

PROLOGUE

1 Écoute*, mon fils, l'enseignement du maître,
ouvre l'oreille de ton cœur* !
Accepte volontiers les conseils d'un père qui t'aime
et fais vraiment tout ce qu'il te dit.

2 En travaillant ainsi à obéir*,
tu reviendras vers Dieu.
En effet, en refusant d'obéir par manque de courage,
tu étais parti loin de lui.

3 Maintenant, c'est donc à toi que je parle,
à toi, c'est-à-dire à tout homme
qui renonce* à faire sa volonté* égoïste
et qui prend les armes très fortes et belles de l'obéissance
pour combattre* sous les ordres du Christ*,
le vrai Roi, notre Seigneur.

4 Avant tout,
quand tu commences à faire quelque chose de bien,
supplie le Seigneur par une très ardente prière*
de conduire lui-même cette action jusqu'au bout.

5 Il a bien voulu faire de nous ses enfants.
Aussi nous ne devons jamais lui faire de la peine
par notre mauvaise conduite.

6 Oui, les dons qu'il a mis en nous,
nous devons toujours nous en servir pour lui obéir.
Sinon, il sera comme un père en colère
qui punit ses enfants
et il nous enlèvera notre héritage.

7 Et même, si nous refusons de le suivre jusqu'à la gloire*,
il sera comme un maître terrible
qui se fâche à cause de nos fautes.
Et il nous condamnera à une punition sans fin
comme des serviteurs très mauvais.

8 Levons-nous donc enfin une bonne fois !
La Bible nous réveille en disant :
« C'est le moment de sortir du sommeil » *(Romains 13, 11)*.

9 Ouvrons nos yeux à la lumière de Dieu.
Laissons la voix puissante de Dieu frapper nos oreilles,
et écoutons ce qu'elle nous dit.
Tous les jours elle nous crie :

10 « Aujourd'hui, si vous entendez sa voix,
ne fermez pas votre cœur ! » *(Psaume 94, 8)*.

11 Et encore :
« Si vous avez des oreilles pour entendre,
écoutez ce que l'Esprit* dit aux Églises » *(Apocalypse 2, 7)*.

12 Et que dit-il, l'Esprit ?
« Venez, mes fils, écoutez-moi !
Je vous enseignerai le respect* confiant
envers le Seigneur » *(Psaume 33, 12)*.

13 « Courez* pendant que vous avez la lumière de la vie.
Alors la nuit de la mort ne vous surprendra pas »
(Jean 12, 35).

14 Le Seigneur cherche pour lui un ouvrier,
c'est pourquoi il lance cet appel à la foule.
Il dit encore :

15 « Qui veut la vie ? Qui désire le bonheur ? » *(Psaume 33, 13)*.

16 Si tu entends cet appel et si tu réponds : « Moi »,
Dieu te dit :

17 « Est-ce que tu veux la vraie vie,
la vie* avec Dieu pour toujours ?
Alors, empêche ta langue de dire des paroles méchantes,
interdis à ta bouche de mentir.
Tourne le dos au mal et fais le bien.
Cherche la paix* et poursuis-la toujours » *(Psaume 33, 14-15).*

18 Quand vous aurez fait cela, mes yeux vous regarderont,
mes oreilles écouteront vos prières.
Avant que vous m'appeliez, je dirai :
« Me voici ! » *(Psaume 33, 16 ; Isaïe 58, 9 ; 65, 24).*

19 Frères bien-aimés, qu'elle est douce
cette voix du Seigneur qui nous invite !

20 Voyez : dans sa tendresse,
le Seigneur nous montre le chemin de la vie
(Psaume 15, 10).

21 C'est pourquoi prenons pour ceinture
la foi* et la pratique des actions* bonnes *(Éphésiens 6, 14-15).*
Laissons-nous conduire par l'Évangile
et avançons sur les chemins du Seigneur.
Alors nous mériterons de le voir,
lui qui nous appelle dans son Royaume
(1 Thessaloniciens 2, 12).

22 Si nous voulons habiter chez lui, dans son Royaume,
le seul moyen, c'est de courir,
et nous courons quand nous faisons des actions bonnes.
Sinon, nous n'y parviendrons jamais.

23 Avec le Prophète*, posons cette question au Seigneur :
« Seigneur, qui habitera dans ta maison ?
Qui reposera sur ta sainte montagne ? » *(Psaume 14, 1).*

24 Frères, après cette question,
écoutons la réponse du Seigneur
qui nous montre le chemin de sa maison.

25 Il nous dit :
« Celui qui habitera chez moi,
c'est celui qui marche sans pécher
et qui accomplit ce qui est juste.

26 C'est celui qui dit la vérité au fond de son cœur
et qui ne trompe pas les autres avec sa langue.

27 C'est celui qui ne fait pas de mal aux autres
et qui n'est pas d'accord quand on insulte un frère »
(Psaume 14, 2-3).

28 C'est aussi celui qui chasse loin des yeux de son cœur
l'esprit* du mal qui le tente
avec les mauvaises pensées* qu'il lui donne.
Il jette à terre cet esprit et il détruit ses pensées.
Quand elles sont encore toutes petites,
et dès qu'elles commencent à le tenter,
il les prend et les écrase contre le Christ
(Psaumes 14, 4 ; 136, 9).

29 Ces gens-là respectent* le Seigneur avec confiance.
Alors ils ne se croient pas au-dessus des autres
à cause de leur bonne conduite,
mais ils reconnaissent une chose :
le bien qui est en eux,
il ne vient pas d'eux-mêmes mais du Seigneur.

30 Ils rendent gloire au Seigneur qui travaille en eux,
et avec le Prophète ils disent :
« Seigneur, donne la gloire à ton nom,
mais pas à nous, pas à nous ! » *(Psaume 113 b, 1)*.

31 De même, l'apôtre Paul ne pense pas du tout
que le succès de ses paroles vient de lui.
Il dit : « Je suis devenu l'homme que je suis
grâce au don* de Dieu » *(1 Corinthiens 15, 10)*.

32 Il dit encore : « Celui qui veut avoir une raison d'être fier,
qu'il soit fier dans le Seigneur » *(2 Corinthiens 10, 17)*.

33 C'est pourquoi le Seigneur dit dans l'Évangile :
« Celui qui écoute mes paroles et qui les met en pratique,
je le compare à un homme sage
qui a construit sa maison sur le rocher.

34 Les fleuves ont débordé,
le vent a soufflé avec force contre cette maison.
Mais la maison n'est pas tombée,
parce qu'elle était construite sur le rocher »
(Matthieu 7, 24-25).

35 Voilà ce que le Seigneur nous dit,
et maintenant il attend de nous ceci :
que, jour après jour,
nous répondions par nos actes à ses bons conseils.

36 Si Dieu nous donne encore des jours à vivre,
c'est pour nous laisser le temps
de corriger* notre conduite mauvaise.

37 En effet, l'apôtre Paul écrit :
« La patience* de Dieu veut t'amener à changer de vie,
est-ce que tu ne le sais pas ? » *(Romains 2, 4)*.

38 Et dans sa tendresse, le Seigneur dit :
« Je ne veux pas la mort du pécheur.
Je veux qu'il revienne à moi et qu'il vive »
(Ézékiel 18, 23 ; 33, 11).

39 Frères, nous avons demandé au Seigneur :
« Qui habitera dans ta maison ? »
Nous avons entendu sa réponse.
Il nous a imposé ses conditions pour y habiter.
À nous de remplir ces conditions !

40 Préparons donc nos cœurs et nos corps* à combattre
pour obéir fidèlement aux commandements du Seigneur.

41 Et pour les choses qui nous paraissent trop difficiles,
prions le Seigneur de nous aider
en nous donnant sa force à lui.

42 Si nous voulons éviter de souffrir
loin* de Dieu pour toujours,
si nous voulons parvenir à la vie qui ne finit pas,

43 il est encore temps.
Pendant que nous sommes dans notre corps,
nous pouvons faire tout cela avec la lumière de cette vie.

44 Alors, dès maintenant, courons
et faisons ce qui nous sera utile pour toujours.

45 C'est pourquoi nous voulons organiser une école
pour apprendre à servir* le Seigneur.

46 Dans cette école, nous l'espérons,
nous n'imposerons rien de dur, rien de pénible.

47 Pourtant, il y aura peut-être
des choses un peu plus difficiles
pour des raisons justes.
En effet, il faut bien corriger les défauts
et garder l'amour* entre les frères.

48 Mais ne te laisse pas tout de suite troubler par la peur
et n'abandonne pas le chemin du salut.
Au début il est toujours étroit *(Matthieu 7, 14)*.

49 Mais, à mesure qu'on avance
dans la vie religieuse et dans la foi,
le cœur devient large.
Et l'on se met à courir
sur le chemin des commandements de Dieu *(Psaume 118, 32)*,

le cœur rempli d'un amour si doux
qu'il n'y a pas de mots pour le dire.

50 Ainsi, nous n'abandonnerons jamais Dieu, notre maître,
et chaque jour, dans le monastère*, jusqu'à la mort,
nous continuerons à faire ce qu'il nous enseigne.
Alors, par la patience,
nous participerons aux souffrances du Christ
et nous mériterons ainsi
d'être avec lui dans son Royaume *(Romains 8, 17)*.

AMEN.

1. LES DIFFÉRENTES SORTES DE MOINES

1 Il y a quatre sortes de moines*, c'est clair !

2 La première est celle des cénobites.
Ils vivent ensemble dans un monastère*.
Ils combattent* au service de Dieu,
guidés par une Règle* et un abbé*.

3 La deuxième sorte de moines
est celle des anachorètes,
c'est-à-dire des ermites.
Ces moines ne sont plus des débutants
dans la première ferveur de leur vie religieuse.
Mais, au monastère, on les a éprouvés longtemps

4 et, avec l'aide de beaucoup d'autres,
ils ont appris à lutter contre l'esprit* du mal.

5 Maintenant ils sont bien entraînés au combat.
Alors ils peuvent laisser leurs frères d'armes
pour aller lutter seuls dans le désert.
Ils sont assez forts.
Ils n'ont plus besoin du secours des autres.
Dieu les aide.
C'est pourquoi ils sont capables de lutter
avec leurs seules forces
contre les tentations
qui viennent du corps et des pensées*.

6 La troisième sorte de moines est celle des sarabaïtes.
C'est une race tout à fait détestable.
Aucune Règle n'a éprouvé ces gens-là
comme l'or dans le feu *(Sagesse 3, 6)*.

Et pourtant, quand nous pratiquons une Règle,
l'expérience nous instruit.
Aussi ils sont mous comme du plomb.

7 Par leurs actions*,
ils montrent qu'ils sont encore attachés au monde[1].
Ils se font raser le crâne[2],
mais c'est un mensonge envers Dieu, on le voit bien !

8 Ils vivent à deux ou trois, ou même seuls,
comme des brebis sans berger.
Ils sont enfermés dans leur enclos
et non dans l'enclos du Seigneur.
Faire ce qui leur plaît, voilà leur loi.

9 Toutes les pensées qu'ils ont,
toutes les décisions qu'ils prennent,
ils les disent saintes.
Mais pour les choses qu'ils ne veulent pas faire,
ils pensent : « Nous n'avons pas le droit de les faire. »

10 La quatrième sorte de moines est celle des gyrovagues,
c'est leur nom.
Ils passent toute leur vie à courir d'une région à l'autre.
Pendant trois ou quatre jours,
ils se font loger dans les maisons des moines,
tantôt chez les uns, tantôt chez les autres.

11 Ils sont toujours sur les routes,
ils ne restent jamais au même endroit.
Ils sont esclaves de leurs désirs
et ils ne cherchent qu'à bien manger.
En tout, ils sont pires que les sarabaïtes.

---

1. Ici, le monde, c'est tout ce qui s'oppose à Dieu.

2. Autrefois, les moines avaient tous la tête rasée pour montrer qu'ils se donnaient totalement à Dieu.

12 La vie religieuse de tous ces gens-là est très mauvaise.
Mieux vaut se taire que d'en parler !

13 Laissons donc ces moines de côté
et, avec l'aide du Seigneur,
organisons la famille très forte des cénobites.

2. LES QUALITÉS QUE L'ABBÉ DOIT AVOIR

1 L'abbé*,
celui qui est digne d'être à la tête du monastère*,
doit toujours se rappeler le nom qu'on lui donne.
Il doit prouver par ses actes* son nom de « supérieur ».

2 En effet, au regard de la foi*,
il tient dans le monastère la place du Christ*,
puisqu'on l'appelle du même nom que le Christ[3].

3 L'apôtre Paul écrit :
« Vous avez reçu l'Esprit Saint.
Il fait de vous des enfants de Dieu
et, par l'Esprit, nous crions à Dieu : Abba, Père »
(Romains 8, 15).

4 C'est pourquoi l'abbé ne doit rien enseigner,
rien établir, rien ordonner
en dehors des commandements du Seigneur.

5 Mais ses ordres et ses enseignements
agiront comme un ferment
pour répandre la justice de Dieu
dans le cœur de ses disciples*.

---

3. C'est-à-dire « père ». Les chrétiens d'autrefois appelaient souvent le Christ : « Père ».

6 L'abbé doit toujours se rappeler ceci :
le jour terrible où Dieu jugera les hommes,
il examinera ces deux choses :
son enseignement et l'obéissance* de ses disciples.

7 L'abbé doit le savoir :
si, parmi ses brebis,
le père de famille en trouve une en mauvais état,
c'est le berger qui en portera la responsabilité.

8 Au contraire, si le berger se fatigue beaucoup
pour des brebis qui ne restent pas tranquilles
et qui n'obéissent pas,
s'il fait tout ce qu'il peut
pour les guérir de leurs actions* mauvaises,

9 au jour du jugement, le Seigneur le déclarera innocent.
Avec le Prophète*, l'abbé dira au Seigneur :
« Ta justice, je ne l'ai pas cachée dans mon cœur.
Ta vérité et ton salut*, je les ai annoncés » *(Psaume 39, 11)*.
« Pourtant ces gens-là se sont moqués de mes paroles
et ils m'ont méprisé » *(Isaïe 1, 2 ; Ézékiel 20, 27)*.

10 Alors, à la fin,
ces brebis qui ont résisté aux soins de l'abbé
seront punies par la mort qui les vaincra.

11 C'est pourquoi,
quand quelqu'un reçoit le nom d'« abbé »,
il doit conduire ses disciples
en les enseignant de deux façons :

12 Tout ce qui est bon et saint,
il le montre par ses paroles,
et encore plus par son exemple.
Pour les disciples qui ont le cœur* docile,
c'est par ses paroles
que l'abbé présente les commandements du Seigneur.

Mais pour ceux qui ont le cœur* dur
et pour ceux qui comprennent moins bien,
c'est par son exemple
qu'il fait voir les commandements de Dieu.

13 Et quand l'abbé explique à ses disciples ce qui est mal,
c'est aussi par son exemple
qu'il montre qu'on ne doit pas le faire.
Sinon, lui qui enseigne aux autres, il sera condamné
(1 Corinthiens 9, 27).

14 Et s'il commet des péchés, un jour Dieu lui dira :
« Tu récites mes commandements : mais pourquoi ?
Tu parles de mon alliance : pourquoi donc ?
Toi, tu détestes tout règlement.
Tu jettes mes paroles derrière toi ! » *(Psaume 49, 16-17)*.

15 Et aussi :
« Tu remarques la paille dans l'œil de ton frère,
mais tu ne remarques pas la poutre qui est dans le tien ! »
(Matthieu 7, 3).

16 Dans le monastère,
l'abbé ne fera pas de différence entre les moines.

17 Il n'aimera pas un frère plus qu'un autre,
sauf s'il en trouve un qui agit mieux
ou qui obéit mieux que les autres.

18 Il ne fera pas passer l'homme libre
avant celui qui était esclave,
sauf pour une bonne raison.

19 Mais si, pour une raison juste,
l'abbé pense qu'il faut agir ainsi,
il le fera sans tenir compte
du rang des frères dans la communauté.
En dehors de ce cas,
chacun gardera son rang d'entrée au monastère.

20 En effet, esclave ou homme libre,
tous nous sommes un dans le Christ *(Galates 3, 28)*
et nous portons tous la charge du même service*
pour l'unique Seigneur.
Non, Dieu ne fait pas de différence entre les hommes
(Actes 10, 34 ; Romains 2, 11).

21 La seule chose qui compte à ses yeux,
c'est d'être meilleurs que les autres
par nos actions bonnes,
et d'être humbles*.

22 C'est pourquoi
l'abbé aimera tous les frères d'un amour égal.
Il appliquera les mêmes règles à tous,
mais selon les mérites de chacun.

23 Dans son enseignement,
il doit toujours pratiquer la règle de l'apôtre Paul :
« Fais des reproches, encourage, menace » *(2 Timothée 4, 2)*.

24 Voici ce que cela veut dire :
l'abbé change sa façon de faire
en tenant compte des moments et des personnes.
Il est à la fois doux et exigeant.
Il est sévère comme un maître
ou affectueux comme un père.

25 Il doit faire des reproches plus durs
à ceux qui n'obéissent pas
et à ceux qui ne se tiennent pas tranquilles.
Mais ceux qui obéissent, qui sont doux et patients*,
il les encourage à faire encore des progrès.
Pour les négligents*
et pour ceux qui sont pleins de mépris,
nous avertissons l'abbé :
il doit les menacer et leur faire des reproches.

26 L'abbé ne fermera pas non plus les yeux
sur les fautes de ceux qui se conduisent mal.
Dès que ces fautes commencent à paraître,
il les arrache avec leurs racines,
pendant que c'est encore possible.
Qu'il se rappelle le malheur d'Éli, le prêtre de Silo[4] !

27 Les moines qui sont mieux disposés et qui comprennent,
l'abbé les corrige par des paroles,
en les avertissant une ou deux fois.

28 Mais ceux qui sont méchants, durs et orgueilleux,
ceux qui refusent d'obéir,
dès qu'ils commencent à faire le mal,
il les empêche de continuer.
Pour cela, il leur donne des coups,
ou bien il punit leurs corps d'une autre façon[5].
En effet, il connaît cette parole de la Bible :
« Le fou, ce n'est pas avec des paroles qu'on le corrige »
(Proverbes 29, 19).

29 Et aussi :
« Frappe ton fils avec le bâton.
Ainsi tu sauveras sa vie de la mort » *(Proverbes 23, 14).*

30 L'abbé doit toujours se rappeler ce qu'il est.
Il doit toujours se rappeler le nom qu'on lui donne
et savoir ceci : « Plus on confie de biens à quelqu'un,
plus on lui demande de comptes » *(Luc 12, 48).*

31 Voici encore ce qu'il doit savoir :
la responsabilité qu'il a est bien difficile et pénible !
Il s'agit à la fois de conduire des personnes
et de se mettre au service de leurs caractères différents,

4. Voir 1 Samuel 2, 27-34.

5. Actuellement, dans les monastères, on ne frappe plus les moines.

c'est-à-dire être doux avec celui-ci, menacer celui-là,
obtenir l'accord d'un troisième.

32 L'abbé s'adaptera à tous et changera sa façon de faire
selon les dispositions et l'intelligence de chacun.
Alors il n'y aura pas de perte
dans le troupeau que Dieu lui confie.
Mais, bien mieux, l'abbé sera dans la joie
parce que ce bon troupeau grandit.

33 Avant tout, il ne laissera pas de côté
le salut des frères que Dieu lui a confiés.
Ce salut,
l'abbé ne le regardera pas comme une petite chose,
en donnant plus d'importance aux affaires de la terre.
Ces affaires passent et elles ne durent pas.

34 Mais il pensera toujours
qu'il a reçu la charge de conduire des personnes
et qu'il devra en rendre compte.

35 Et si le monastère est pauvre,
cela n'est pas une excuse.
L'abbé se rappellera cette parole :
« Cherchez d'abord le Royaume de Dieu et sa justice,
et Dieu vous donnera les autres choses en plus »
(Matthieu 6, 33).

36 Et aussi :
« Rien ne manque
à ceux qui respectent* Dieu avec confiance »
(Psaume 33, 10).

37 L'abbé doit le savoir :
celui qui a reçu la charge de conduire des personnes
doit se préparer à en rendre compte.

38 Il peut être responsable de beaucoup de frères ou de peu.
En tout cas, c'est certain et il doit le savoir :

au jour du jugement,
il rendra compte de tous ses frères au Seigneur,
et de lui-même aussi, bien sûr !

39 C'est pourquoi, lui, le berger,
il craindra toujours l'examen qu'il passera un jour
au sujet des brebis que Dieu lui a confiées.
Ainsi, en faisant attention
aux comptes qu'il va rendre pour les autres,
il devient attentif
aux comptes qu'il va rendre pour lui-même.

40 En aidant les autres à se corriger par ses remarques,
l'abbé lui-même est amené à se corriger* de ses défauts.

3. LA RÉUNION DES FRÈRES EN CONSEIL

1 Chaque fois qu'il y a des choses importantes
à discuter dans le monastère*,
l'abbé* réunit toute la communauté*.
Il présente lui-même l'affaire.

2 Il écoute les avis des frères.
Ensuite il réfléchit seul.
Puis il fait ce qu'il juge le plus utile.

3 Tous les frères sont appelés au conseil,
comme nous l'avons dit.
En effet,
souvent le Seigneur découvre à un frère plus jeune
ce qui est le mieux.

4 Les frères donneront leur avis
avec respect et humilité*.
Ils ne se permettront pas
de défendre leurs idées à tout prix.

5 Oui, c'est l'abbé qui décide.
Il juge ce qui vaut mieux et tous lui obéiront*.

6 Les disciples* obéissent au maître, voilà ce qui convient.
Mais le maître, lui,
doit tout organiser avec prévoyance et justice.

7 En toutes choses donc, tous suivront la Règle*.
C'est elle qui commande,
et personne n'aura l'audace de s'en éloigner.

8 Dans le monastère,
aucun frère ne suivra le désir de son cœur* à lui.

9 Et personne ne se permettra
de s'opposer à son abbé avec orgueil,
ni dans le monastère, ni en dehors.

10 Si un moine se le permet, on le punira selon la Règle.

11 Mais l'abbé, lui,
fera tout en respectant* Dieu avec confiance
et il se soumettra à la Règle.
Oui, c'est sûr et il le sait,
il devra rendre compte de toutes ses décisions à Dieu,
le juge parfaitement juste.

12 Quand il s'agit de choses moins importantes
pour les besoins du monastère,
l'abbé demandera l'avis des anciens* seulement.

13 La Bible le dit :
« Demande l'avis des autres pour toutes choses.
Ensuite, quand c'est fait, tu n'as pas de regret »
(Siracide 32, 19).

4. QUELS OUTILS UTILISER POUR FAIRE LE BIEN ?

1 Avant tout, « aimer* le Seigneur Dieu
de tout ton cœur*, de toute ton âme,
de toutes tes forces » *(Marc 12, 30)*.

2 Puis, « aimer les autres comme toi-même »
(Marc 12, 31 ; Luc 10, 27).

3 Ensuite, ne pas tuer *(Exode 20, 13)*.

4 Ne pas prendre la femme d'un autre *(Exode 20, 14)*.

5 Ne pas voler *(Exode 20, 15)*.

6 Ne pas désirer avec envie ce que tu n'as pas *(Exode 20, 17)*.

7 Ne pas être un témoin qui ment *(Exode 20, 16)*.

8 Respecter tous les hommes *(1 Pierre 2, 17)*.

9 Ne pas faire aux autres
le mal que tu ne veux pas pour toi-même *(Tobie 4, 16)*.

10 Renoncer* à toi-même pour suivre le Christ*
(Matthieu 16, 24).

11 Mener durement ton corps* *(1 Corinthiens 9, 27)*.

12 Ne pas être gourmand.

13 Aimer le jeûne*.

14 Donner à manger aux pauvres *(Matthieu 25, 35)*.

15 Donner des vêtements à ceux qui sont nus
(Matthieu 25, 36).

16 Visiter les malades* *(Matthieu 25, 36)*.

17 Enterrer les morts.

18 Aider ceux qui sont dans le malheur.

19 Consoler ceux qui souffrent.

20 Te rendre étranger aux affaires du monde[6].

21 Ne rien préférer à l'amour du Christ.

22 Ne pas agir sous le coup de la colère.

23 Ne pas réserver un moment pour te venger.

24 Ne pas garder la ruse dans ton cœur.

25 Ne pas donner une paix* qui est fausse.

26 Ne pas cesser d'aimer.

27 Ne pas jurer : cela évite de trahir ton serment
(Matthieu 5, 34).

28 Dire la vérité dans ton cœur comme dans ta bouche.

29 Ne pas rendre le mal pour le mal *(1 Pierre 3, 9)*.

30 Ne pas être injuste avec les autres.
Mais si on est injuste avec toi,
souffrir cela avec patience*.

31 Aimer tes ennemis *(Luc 6, 27)*.

32 À ceux qui te jettent une malédiction,
ne pas répondre par une malédiction,
mais plutôt par une bénédiction* *(Luc 6, 28)*.

33 Accepter de souffrir durement pour la justice
(Matthieu 5, 10).

34 Ne pas être orgueilleux *(Tite 1, 7)*.

35 Ne pas aimer le vin *(1 Timothée 3, 3)*.

36 Ne pas aimer manger beaucoup.

---

6. Voir le chapitre 1, verset 7 : page 29, note 1.

37 Ne pas dormir partout.

38 Ne pas être paresseux.

39 Ne pas murmurer* *(Sagesse 1, 11)*.

40 Ne pas dire du mal des autres.

41 Mettre en Dieu ton espérance*.

42 Le bien que tu vois en toi,
reconnaître qu'il vient de Dieu et non de toi.

43 Le mal, au contraire,
savoir que c'est toujours toi qui le fais,
et qu'il vient de toi.

44 Craindre le jour du jugement.

45 Avoir très peur de souffrir loin* de Dieu pour toujours.

46 Avec toute l'ardeur qui vient de l'Esprit Saint,
désirer vivre* avec Dieu pour toujours.

47 Chaque jour, avoir la mort devant tes yeux.

48 À chaque moment de ta vie, surveiller ce que tu fais.

49 Partout, être sûr que Dieu te regarde *(Psaume 13, 2)*.

50 Dès que des pensées* mauvaises arrivent à ton cœur,
les détruire tout de suite
en les écrasant contre le Christ *(Psaume 136, 9)*,
puis les découvrir
à un ancien* qui vit selon l'Esprit de Dieu.

51 Éviter de dire des paroles mauvaises
ou qui ne conviennent pas.

52 Ne pas aimer parler beaucoup.

53 Ne pas dire des paroles vides ou seulement pour faire rire.

54 Ne pas aimer rire beaucoup ou trop fort.

55 Écouter* volontiers les lectures* saintes.

56 Te prosterner souvent pour prier*.

57 Chaque jour, dans la prière,
avouer à Dieu tes fautes passées
en les regrettant beaucoup et en pleurant.

58 Te corriger* de ces mêmes fautes à l'avenir.

59 Ne pas céder aux mauvais désirs du corps *(Galates 5, 16)*.

60 Détester ta volonté* égoïste.

61 Obéir* en tout aux ordres de l'abbé*,
même si celui-ci se conduit autrement
– espérons que non ! –.
Dans ce cas,
rappelle-toi le commandement du Seigneur :
« Faites ce qu'ils disent,
et ne faites pas ce qu'ils font ! » *(Matthieu 23, 3)*.

62 Ne pas vouloir être appelé saint avant de l'être,
mais l'être d'abord.
Ensuite, on le dira avec plus de vérité.

63 Chaque jour, faire passer dans tes actions*
les commandements de Dieu.

64 Aimer être pur* dans ton cœur et dans ton corps.

65 Ne détester personne.

66 Ne pas être jaloux.

67 Ne pas cultiver l'envie.

68 Ne pas aimer les disputes.

69 Fuir tout ce qui te met au-dessus des autres.

70 Avoir un grand respect pour les anciens.

71 Avoir de l'affection pour les plus jeunes.

72 Prier pour tes ennemis parce que tu aimes le Christ
(Matthieu 5, 44).

73 Quand tu t'es disputé avec un frère,
retrouver la paix avec lui avant le coucher du soleil
(Éphésiens 4, 26).

74 Et ne jamais désespérer de la miséricorde* de Dieu.

75 Voilà les outils qui aident à travailler
selon l'Esprit de Dieu.

76 Si nous les utilisons sans arrêt, jour et nuit,
et si nous les rendons à Dieu au jour du jugement,
alors, en échange,
le Seigneur nous donnera la récompense promise.

77 « Ce que personne n'a jamais vu,
ce que personne n'a jamais entendu,
voilà ce que Dieu a préparé pour ceux qui l'aiment »
(1 Corinthiens 2, 9).

78 Et l'atelier où nous ferons ce travail avec soin,
c'est la clôture du monastère
où nous restons pour toujours
avec la même communauté*[7].

5. OBÉIR

1 Le premier échelon de l'humilité*,
est d'obéir* tout de suite.

---

7. Saint Benoît emploie le mot stabilité. Rester toute sa vie avec la même communauté, c'est être stable.

2 Obéir de cette façon convient à ceux qui pensent :
« Nous n'avons rien de plus cher que le Christ*. »

3-4 Dès qu'un supérieur[8] leur commande quelque chose,
ils ne peuvent pas attendre pour obéir.
C'est comme si Dieu lui-même leur commandait.
Ils font cela à cause du service* saint qu'ils ont promis,
ou bien parce qu'ils ont peur de souffrir
loin* de Dieu pour toujours,
ou bien parce qu'ils espèrent la gloire* de vivre*
avec lui pour toujours.

5 Le Seigneur parle d'eux quand il dit :
« Dès que son oreille a entendu, il m'a obéi »
(Psaume 17, 45).

6 Il dit aussi à ceux qui enseignent :
« Celui qui vous écoute*, c'est moi qu'il écoute »
(Luc 10, 16).

7 Ces moines* obéissants
laissent immédiatement leurs occupations
et ils renoncent* à leur volonté* égoïste.

8 Ils lâchent tout de suite ce qu'ils ont dans les mains
sans finir ce qu'ils sont en train de faire.
Dès qu'ils entendent la voix de celui qui commande,
ils mettent leurs pieds en mouvement pour obéir
et faire ce qu'on leur ordonne.

9 Ainsi l'ordre donné par le maître
et l'acte* accompli par le disciple*,
ces deux choses se réalisent ensemble,
très vite et comme en même temps,

---

8. Ici, le supérieur, c'est l'abbé ou un frère qui est au-dessus d'un moine à cause de ses responsabilités dans le monastère.

avec la rapidité inspirée par un respect* confiant
envers Dieu.

10 L'amour* presse ces moines
de parvenir à vivre avec Dieu pour toujours.

11 C'est pourquoi ils prennent courageusement
le chemin étroit.
Le Seigneur parle de ce chemin quand il dit :
« Il est étroit le chemin qui conduit à la vie »
(Matthieu 7, 14).

12 Alors, ils ne vivent plus en suivant leurs idées,
ils n'obéissent plus à leurs désirs ou à leurs plaisirs.
Mais ils marchent en obéissant
à la décision et aux ordres d'un autre.
Ils habitent dans un monastère*
et ils désirent avoir un abbé* à leur tête.

13 Oui, c'est sûr, ces moines imitent le Seigneur qui dit :
« Je ne suis pas venu pour faire ma volonté,
mais pour faire la volonté de celui qui m'a envoyé »
(Jean 6, 38).

14 Pour que cette façon d'agir soit agréable à Dieu
et douce aux hommes,
il faut faire ce qu'on ordonne
sans peur, sans retard et sans mollesse,
sans murmurer* et sans refuser.

15 En effet, obéir aux supérieurs, c'est obéir à Dieu.
Il a dit lui-même :
« Celui qui vous écoute, c'est moi qu'il écoute »
(Luc 10, 16).

16 Et cette obéissance,
les disciples doivent l'offrir de bon cœur.
Oui, « Dieu aime celui qui donne avec joie »
(2 Corinthiens 9, 7).

17 C'est pourquoi le disciple qui n'obéit pas volontiers,
qui non seulement murmure en paroles
mais même dans son cœur*,

18 celui-là ne plaît pas à Dieu.
Il fait peut-être ce qu'on lui commande,
mais Dieu voit son cœur qui murmure.

19 Et pour cette action il ne reçoit aucune récompense.
Au contraire,
s'il ne se corrige* pas et ne répare* pas sa faute,
il mérite d'être puni comme ceux qui murmurent.

6. GARDER LE SILENCE

1 Faisons ce que dit le Prophète* :
« Je veux surveiller ma conduite
pour ne pas pécher avec ma langue.
J'ai mis un frein à ma bouche.
J'ai gardé le silence*.
Je me suis fait petit
et je n'ai même pas parlé de choses bonnes »
(Psaume 38, 2-3).

2 Voici ce que le Prophète veut montrer.
Quelquefois nous devons éviter de parler,
même pour dire des choses bonnes.
Et cela, par amour du silence.
Alors, nous devons encore plus éviter
les paroles mauvaises,
à cause de la punition que le péché entraîne.

3 Savoir garder le silence est très important.
C'est pourquoi,
même pour dire des paroles qui sont bonnes,

des paroles saintes qui aident les autres,
les disciples* parfaits
recevront rarement la permission de parler.

4 En effet, la Bible dit :
« Quand tu parles beaucoup, tu n'évites pas le péché »
(Proverbes 10, 19).

5 Et ailleurs :
« La langue est capable aussi bien de tuer
que de donner la vie » *(Proverbes 18, 21)*.

6 D'ailleurs, c'est le maître qui parle et qui enseigne.
Le disciple, lui, se tait et il écoute*.
Voilà ce qui convient à l'un et à l'autre.

7 C'est pourquoi,
quand on a quelque chose à demander au supérieur,
on doit le faire avec humilité* et grand respect.

8 Les plaisanteries, les paroles inutiles
et qu'on dit seulement pour faire rire les autres,
nous les condamnons partout et pour toujours !
Et nous ne permettons pas au disciple
d'ouvrir la bouche pour ces paroles-là !

7. DEVENIR HUMBLE

1 Frères, la sainte Bible nous dit avec force :
« L'homme qui s'élève sera abaissé
et celui qui s'abaisse sera élevé » *(Luc 14, 11)*.

2 Cette parole nous montre ceci :
toutes les fois qu'on se fait grand,
on est d'une certaine façon orgueilleux.

3 Le Prophète* dit qu'il se méfie de cela :
« Seigneur, je n'ai pas le cœur* fier.
Je ne regarde pas les autres avec mépris.
Je n'ai pas cherché de grandes choses
ni des merveilles qui me dépassent. »

4 Pourquoi donc ?
« Voilà : si mon cœur n'est pas humble*,
si je veux me faire grand,
tu vas me traiter comme le petit enfant
que sa mère ne nourrit plus de son lait » *(Psaume 130, 1-2)*.

5 Alors, frères, si nous voulons parvenir
au plus haut sommet de l'humilité,
si nous voulons arriver rapidement
à la magnifique hauteur du ciel,
le seul moyen d'y monter,
c'est de mener une vie humble sur la terre.

6 Pour cela, nous devons dresser l'échelle de Jacob
et monter là-haut par nos actions*.
Oui, pendant qu'il dormait,
Jacob a vu les anges descendre et monter
le long de cette échelle *(Genèse 28, 12)*.

7 Descendre et monter, c'est sûr,
voici ce que cela veut dire :
quand on se fait grand, on descend ;
quand on se fait petit, on monte.

8 Cette échelle qui est debout,
c'est notre vie sur la terre.
Et quand notre cœur devient humble,
le Seigneur dresse notre vie vers le ciel.

9 À notre avis, les deux côtés de cette échelle
représentent notre corps* et notre âme.
Il y a plusieurs échelons entre ces côtés.

Ce sont les échelons de l'humilité
et d'une bonne conduite.
C'est Dieu qui les a fixés et il nous invite à les monter.

10 Le premier échelon de l'humilité pour un moine*,
qui a toujours devant les yeux
le respect* confiant envers Dieu,
c'est de fuir absolument l'oubli.

11 Il se rappelle à tout moment
tout ce que Dieu commande.
Il pense sans cesse :
ceux qui méprisent Dieu
seront loin* de lui pour toujours
à cause de leurs péchés,
et une grande souffrance les brûlera comme un feu.
Au contraire, ceux qui le respectent avec confiance
Dieu les prépare à vivre* avec lui pour toujours.

12 À tout moment,
ce moine évite les péchés et les graves défauts :
ceux des pensées*, de la langue,
des mains, des pieds, de la volonté* égoïste.
Il évite aussi les mauvais désirs du corps.

13 L'homme doit être tout à fait sûr qu'à chaque instant
Dieu le regarde du haut des cieux.
Partout, Dieu voit ce que l'homme fait
et, sans cesse, les anges lui en rendent compte.

14 Le Prophète nous fait voir cela.
Il montre que Dieu est toujours présent à nos pensées
et dit :
« Dieu regarde au plus profond des reins et des cœurs »
(Psaume 7, 10).

15 Et encore : « Le Seigneur connaît
les pensées des hommes » *(Psaume 93, 11)*.

16 Il dit aussi : « De loin, tu connais mes pensées »
(Psaume 138, 3).

17 Et : « Les pensées de l'homme sont très claires pour toi »
(Psaume 75, 11).

18 Alors, pour surveiller ses pensées mauvaises,
le vrai moine[9] dira toujours dans son cœur :
« Je serai sans faute devant Dieu,
si je fais attention à ne pas pécher » *(Psaume 17, 24).*

19 Notre volonté égoïste, Dieu nous interdit de la suivre.
La Bible nous dit :
« Tourne le dos à tes volontés » *(Siracide 18, 30).*

20 Et dans la prière du Seigneur nous demandons :
« Fais que ta volonté se réalise en nous ! » *(Matthieu 6, 10).*

21 Avec raison,
on nous apprend à ne pas faire notre volonté.
Faisons bien attention aux paroles de la sainte Bible :
« Certaines routes semblent droites aux hommes.
Pourtant, elles nous conduisent
loin de Dieu pour toujours » *(Proverbes 16, 25).*

22 Ayons peur aussi de cette parole
que la Bible dit pour les négligents* :
« À force de faire leurs volontés,
ils sont devenus très mauvais
et complètement corrompus » *(Psaume 13, 1).*

23 Quand les mauvais désirs du corps nous tentent,
croyons fermement
que Dieu est toujours là, près de nous.
En effet, le Prophète dit au Seigneur :
« Tout mon désir est devant toi » *(Psaume 37, 10).*

---

9. Saint Benoît dit : le moine « utile ».

24 C'est pourquoi
nous devons nous méfier du désir mauvais.
Oui, la mort est là,
juste à l'entrée du chemin qui conduit aux plaisirs.

25 À cause de cela,
la Bible nous donne ce commandement :
« Ne suis pas tes désirs mauvais » *(Siracide 18, 30)*.

26 « Donc, les yeux du Seigneur regardent avec attention
les bons et les méchants » *(Proverbes 15, 3)*.

27 « Du haut du ciel, le Seigneur regarde toujours
les enfants des hommes
pour voir s'il y a quelqu'un de sage
et qui cherche Dieu » *(Psaume 13, 2)*.

28 Et les anges qui sont chargés de veiller sur nous
présentent sans cesse tous nos actes* au Seigneur,
jour et nuit.

29 Alors, frères, méfions-nous !
Comme le Prophète le dit dans un psaume,
Dieu pourrait nous surprendre à un moment donné
en train de « tomber dans le péché
et de devenir de faux moines[10] » *(Psaume 13, 3)*.

30 Il est patient avec nous actuellement
parce qu'il est bon,
et il attend que nous devenions meilleurs.
Mais, plus tard, il nous dira peut-être :
« Voilà ce que tu as fait, et je n'ai rien dit ! »
(Psaume 49, 21).

31 Le deuxième échelon de l'humilité pour un moine,

---

10. Saint Benoît, comme le psaume, dit : « inutiles ».

c'est de détester sa volonté égoïste.
Alors il n'aime pas satisfaire ses désirs.

32 Au contraire, il imite par ses actions
le Seigneur qui a dit cette parole :
« Je ne suis pas venu pour faire ma volonté,
mais pour faire la volonté de celui qui m'a envoyé »
(Jean 6, 38).

33 On a écrit aussi :
« Faire sa volonté entraîne la punition.
Être obligé d'obéir à un autre
fait gagner la récompense[11]. »

34 Le troisième échelon de l'humilité pour un moine,
c'est d'obéir* parfaitement à un supérieur
parce qu'on aime Dieu.
Par là, le moine imite le Christ.
En effet, l'apôtre Paul dit du Seigneur :
« Il a voulu obéir jusqu'à la mort » *(Philippiens 2, 8)*.

35 Le quatrième échelon de l'humilité pour un moine,
c'est, dans ce chemin de l'obéissance,
de s'attacher très fort à la patience*,
avec un cœur qui garde le silence*,
même quand on lui commande
des choses pénibles et contrariantes,
même s'il faut souffrir l'injustice.

36 C'est aussi de ne pas perdre courage
et de ne pas reculer
quand il faut supporter tout cela.
La Bible dit :
« Celui qui restera fidèle jusqu'à la fin,
celui-là sera sauvé* » *(Matthieu 24, 13)*.

11. *Actes du martyre d'Anastasie*, § 17.

37 Et encore : « Rends ton cœur fort
et attends le Seigneur » *(Psaume 26, 14)*.

38 La Bible veut montrer ceci :
celui qui croit en Dieu
doit tout supporter pour le Seigneur,
même les choses les plus contrariantes.
C'est pourquoi elle fait dire à ceux qui souffrent :
« À cause de toi,
on nous condamne à mort tous les jours.
On nous traite comme des brebis
qu'on va bientôt tuer » *(Psaume 43, 22 ; Romains 8, 36)*.

39 Mais ces frères sont tout à fait sûrs
de la récompense de Dieu qu'ils espèrent*.
Et, pleins de joie, ils ajoutent :
« Dans toutes ces souffrances,
nous remportons la victoire
à cause de Celui qui nous a aimés » *(Romains 8, 37)*.

40 À un autre endroit, la Bible dit encore :
« Ô Dieu, tu nous as mis à l'épreuve,
tu nous as fait passer par le feu,
comme on fait passer l'argent par le feu.
Tu nous as fait tomber dans un piège.
Sur notre dos tu as mis des poids très lourds »
(Psaume 65, 10-11).

41 Et pour montrer
que nous devons être sous l'autorité d'un supérieur,
la Bible continue en disant :
« Tu as placé des hommes au-dessus de nos têtes »
(Psaume 65, 12).

42 C'est par la patience
que ces moines accomplissent
le commandement du Seigneur

au milieu des souffrances et des injustices.
On les frappe sur une joue, ils présentent l'autre.
On prend leur vêtement,
ils donnent celui qui leur reste encore.
On leur demande de faire un kilomètre, ils en font deux
(Matthieu 5, 39-41).

43 Avec l'apôtre Paul, ils supportent les faux frères
(2 Corinthiens 11, 26).
Et à ceux qui leur jettent des malédictions,
ils répondent par des bénédictions* *(1 Corinthiens 4, 12)*.

44 Le cinquième échelon de l'humilité pour un moine,
c'est d'avouer humblement à son abbé*
toutes les pensées mauvaises qui arrivent à son cœur
ou bien les fautes qu'il a faites en secret,
sans rien lui cacher.

45 La Bible nous invite à faire cela quand elle dit :
« Découvre ta conduite au Seigneur et espère en lui »
(Psaume 36, 5).

46 Elle dit aussi : « Avouez vos fautes au Seigneur,
parce qu'il est bon et sa tendresse* dure toujours »
(Psaume 105, 1).

47 Le Prophète dit encore :
« Je t'ai fait connaître mon péché
et je n'ai pas caché mes fautes.

48 J'ai dit : À haute voix
je présenterai mes fautes devant toi, Seigneur,
et toi, tu as pardonné à mon cœur coupable »
(Psaume 31, 5).

49 Le sixième échelon de l'humilité pour un moine,
c'est d'être content de la condition
la plus ordinaire et la plus basse.

Dans tout ce qu'on lui ordonne de faire,
il pense qu'il est un ouvrier mauvais et incapable[12].

50 Il dit avec le Prophète :
« Je ne suis plus rien du tout et je ne sais rien.
Je suis comme une bête devant toi.
Pourtant, moi, je suis toujours avec toi »
(Psaume 72, 22-23).

51 Le septième échelon de l'humilité pour un moine,
ce n'est pas seulement de dire avec la bouche :
« Je suis le dernier et le plus misérable de tous »,
c'est aussi de le croire du fond du cœur.

52 Le moine se fait petit et dit avec le Prophète :
« Et moi, je suis un ver et non pas un homme.
Les gens se moquent de moi, le peuple me rejette »
(Psaume 21, 7).

53 « Je me suis élevé, puis on m'a abaissé.
et je suis couvert de honte » *(Psaume 87, 16)*.

54 Le Prophète dit encore : « Tu m'as abaissé.
Pour moi, c'est une bonne chose.
Ainsi, j'apprends tes commandements » *(Psaume 118, 71)*.

55 Le huitième échelon de l'humilité pour un moine,
c'est de faire
ce que la Règle* commune de son monastère*
et les exemples des anciens*
l'invitent à faire,
et rien d'autre.

---

12. Dieu est grand. Devant lui et dans sa lumière, le moine se sent petit et incapable de faire le bien avec ses seules forces. Mais, avec la puissance de l'Esprit Saint, il est capable d'utiliser tous ses moyens humains pour servir Dieu avec un cœur brûlant d'amour. Voir Prologue 4. 21. 29. 30 ; chapitre 4, 42 ; chapitre 72.

56 Le neuvième échelon de l'humilité pour un moine,
c'est d'interdire à sa langue de parler,
c'est de garder le silence
et de se taire jusqu'à ce qu'on l'interroge.

57 En effet, la Bible enseigne ceci :
« Quand on parle beaucoup, on n'évite pas le péché »
(Proverbes 10, 19).

58 Et : « Le bavard ne sait pas se conduire sur cette terre »
(Psaume 139, 12).

59 Le dixième échelon de l'humilité pour un moine,
c'est de ne pas rire trop facilement
et pour n'importe quoi.
En effet, la Bible dit :
« C'est l'homme stupide qui éclate de rire »
(Siracide 21, 23).

60 Le onzième échelon de l'humilité pour un moine,
c'est de parler doucement et sans rire,
humblement, avec sérieux,
en peu de mots, avec des paroles de bon sens.
Il ne criera jamais.

61 Quelqu'un a dit :
« On reconnaît un homme sage
au peu de paroles qu'il dit[13]. »

62 Le douzième échelon de l'humilité pour un moine,
c'est non seulement d'être humble dans son cœur,
mais encore de le montrer à tout moment
dans son attitude
devant ceux qui le voient vivre.

---

13. Il s'agit de Sextus. C'est un sage qui a vécu au 2e siècle après Jésus Christ.

63 Pendant le Service* de Dieu,
à l'oratoire* et dans le monastère,
au jardin et en chemin,
dans les champs et partout où il se trouve,
assis, debout ou en marche,
le moine a toujours la tête penchée
et il regarde vers la terre.

64 À tout moment, il se juge coupable de ses péchés.
Il pense qu'il est déjà
devant le terrible tribunal de Dieu.

65 Dans son cœur
il répète les paroles du publicain de l'Évangile.
Il disait en gardant les yeux fixés vers la terre :
« Seigneur, je ne suis pas digne
de lever les yeux vers le ciel,
parce que je suis un pécheur » *(Luc 18, 13)*.

66 Avec le Prophète il dit aussi :
« Je me tiens courbé et je me fais tout petit »
(Psaume 37, 7 et 9).

67 Alors, quand le moine a monté
tous ces échelons de l'humilité,
il parvient bientôt à aimer Dieu d'un amour parfait.
Et quand l'amour de Dieu est parfait,
il chasse la peur dehors *(1 Jean 4, 18)*.

68 Quand le moine aime de cette façon,
tout ce qu'il faisait avant avec une certaine crainte,
il commence à le pratiquer sans aucune peine,
comme si c'était naturel et par habitude.

69 Il n'agit plus parce qu'il a peur de souffrir
loin* de Dieu pour toujours.
Mais il agit parce qu'il aime le Christ*,
qu'il a pris de bonnes habitudes
et qu'il goûte la douceur de faire le bien.

70 Voilà ce que le Seigneur voudra bien montrer,
par l'Esprit Saint*,
dans son ouvrier purifié de ses penchants mauvais
et de ses péchés.

8. LE SERVICE DE DIEU PENDANT LA NUIT

1 Pendant l'hiver[14], du 1er novembre jusqu'à Pâques,
les frères se lèvent entre 2 heures et 3 heures du matin.
C'est une décision raisonnable.

2 En effet, les frères se reposent
un peu plus de la moitié de la nuit.
Ainsi, quand ils se lèvent,
la digestion est terminée.

3 Après les Vigiles[15], il reste du temps.
Les frères qui ont besoin d'apprendre[16]
les psaumes et les lectures[17]
le font à ce moment-là.

4 À partir de Pâques jusqu'au 1er novembre,
on laisse un petit moment libre

---

14. Pendant l'hiver les nuits sont longues. Elles durent à peu près 14 heures en décembre et en janvier. Au contraire, pendant l'été, les nuits sont courtes. Elles durent 8 heures seulement au mois de juin.

15. Le Service de Dieu comporte huit moments de prière ou Heures, qui rythment la vie du moine (voir chapitre 16) : les Vigiles, pendant la nuit ; les Laudes, au lever du jour ; Prime, au début de la journée ; Tierce, dans la matinée ; Sexte, au milieu du jour ; None, dans l'après-midi ; Vêpres, à la fin du jour ; Complies, avant le repos de la nuit.

16. Saint Benoît emploie le mot « méditer* ».

17. La lecture est une partie de la Bible lue pendant le Service de Dieu.

entre l'office des Vigiles et celui de Laudes.
Pendant ce temps,
les frères peuvent sortir pour les besoins du corps.
Et tout de suite après, c'est l'office de Laudes.
On le chante au lever du jour.

9. COMBIEN DE PSAUMES DIRE À L'OFFICE DE NUIT

1 Pendant l'hiver, du 1er novembre jusqu'à Pâques,
on dit d'abord trois fois le verset :
« Seigneur, ouvre mes lèvres,
et ma bouche annoncera ta louange » *(Psaume 50, 17)*.

2 On ajoute le psaume 3 et le « Gloire au Père ».

3 Ensuite on chante le psaume 94 avec antienne[18],
ou bien sans antienne,
d'un bout à l'autre sans s'arrêter.

4 Après cela, il y a l'hymne[19]
et six psaumes avec antiennes.

5 Quand les psaumes sont finis,
on dit le verset, et l'abbé* donne la bénédiction*.
Tous les frères s'assoient sur leur siège
et on fait trois lectures.
Les frères lisent l'un après l'autre

---

18. Une antienne est un court refrain chanté ou récité, avant et après le psaume ; quelquefois on répète l'antienne entre les versets du psaume.

19. Saint Benoît appelle quelquefois les hymnes : « hymnes de saint Ambroise ». Saint Ambroise, évêque de Milan au 4e siècle, a introduit ces poèmes chantés dans l'Église de Rome.

dans un livre posé sur le pupitre.
Entre chaque lecture, on chante un répons[20].

6 On dit les deux premiers répons sans « Gloire au Père ».
Mais, après la troisième lecture,
celui qui chante dit le « Gloire au Père ».

7 Dès que le frère commence à chanter
le « Gloire au Père »,
tous se lèvent de leur siège
pour honorer et respecter la Sainte Trinité.

8 À l'office des Vigiles,
on lit la Parole de Dieu
dans l'Ancien et le Nouveau Testament.
On lit aussi les explications
que les Pères* catholiques[21]
ont données de ces lectures.
On prend les Pères connus
pour leur enseignement juste,
et que l'Église du monde entier accepte comme maîtres.

9 Après les trois lectures et les trois répons,
on chante les six autres psaumes avec « Alleluia ».

10 Après ces psaumes, il y a un passage de l'apôtre Paul.
On le récite par cœur.
Puis on dit un verset et la supplication de la litanie,
c'est-à-dire : « Seigneur, prends pitié. »

11 Voilà comment les Vigiles se terminent.

---

20. Un répons est un chant de méditation après une lecture. Au temps de saint Benoît, c'était probablement un psaume récité par le chantre et interrompu par un refrain des frères (comme le psaume après la 1ère lecture de la messe actuellement).

21. Les Pères catholiques sont les chrétiens et surtout les évêques de l'Église des premiers siècles qui ont écrit des livres pour les disciples de Jésus.

10. COMMENT LOUER DIEU, LA NUIT, PENDANT L'ÉTÉ

1 À partir de Pâques jusqu'au 1er novembre,
on chante pour les Vigiles
le nombre de psaumes indiqué plus haut[22].

2 Mais il n'y a pas les trois lectures dans le livre,
parce que les nuits sont courtes.
On les remplace par une seule lecture
de l'Ancien Testament
qu'un frère récite par cœur.
Ensuite, on dit un répons court.

3 Pour tout le reste,
on fait comme on l'a indiqué plus haut[23],
c'est-à-dire que, pendant les Vigiles,
on ne dit jamais moins de douze psaumes.
Dans ce nombre, on ne compte pas les psaumes 3 et 94.

11. COMMENT CÉLÉBRER LES VIGILES, LE DIMANCHE

1 Le dimanche,
les frères se lèvent un peu plus tôt pour les Vigiles.

2 Voici l'ordre à suivre pour ces Vigiles :
Quand on a chanté six psaumes et le verset,
comme nous l'avons indiqué plus haut[24],
tous les frères s'assoient sur leurs sièges

---

22. Voir le chapitre 9.
23. Voir le chapitre 9.
24. Voir le chapitre 9.

en ordre et à leur rang.
Puis on fait quatre lectures dans le livre.
Chaque lecture est suivie d'un répons,
comme nous l'avons dit plus haut[25].

3 Le frère qui chante le répons dit le « Gloire au Père »
seulement au quatrième répons.
Quand il commence le « Gloire au Père »,
tous se lèvent avec respect.

4 Après ces lectures,
les frères disent six autres psaumes à la suite,
avec les antiennes, comme avant,
puis le verset.

5 Ensuite, on fait encore quatre lectures
suivies chacune d'un répons,
de la façon indiquée plus haut[26].

6 Après cela, on dit trois cantiques
pris dans les livres des Prophètes*.
C'est l'abbé* qui les choisit,
et les frères les chantent avec « Alleluia ».

7 On dit aussi un verset.
Puis l'abbé donne la bénédiction*,
et on fait encore quatre lectures du Nouveau Testament,
de la façon indiquée plus haut[27].

8 Après le quatrième répons,
l'abbé commence l'hymne :
« À toi, Dieu, notre louange[28]. »

---

25. Voir le chapitre 9.
26. Voir le chapitre 9.
27. Voir le chapitre 9.
28. En latin : « *Te Deum laudamus...* ».

9 Quand cette hymne est finie,
l'abbé fait la lecture de l'Évangile.
Tous se tiennent debout
avec grand respect pour honorer Dieu.

10 Quand la lecture de l'Évangile est finie,
tous répondent : « Amen. »
Puis l'abbé commence tout de suite l'hymne :
« À toi la louange[29]. »
Il donne la bénédiction,
puis les frères commencent les Laudes.

11 Pour les Vigiles du dimanche,
on garde cet ordre en toute saison.

12 Si les frères se lèvent trop tard – espérons que non ! –,
on diminue un peu les lectures ou les répons.

13 Faisons bien attention que cela n'arrive pas !
Si cela arrive,
le frère qui en est responsable par sa négligence*
doit offrir à Dieu dans l'oratoire*
la réparation* qui convient.

12. COMMENT CÉLÉBRER L'OFFICE DE LAUDES

1 Le dimanche à Laudes,
on dit d'abord le psaume 66 sans antienne
d'un bout à l'autre.

2 Puis on dit le psaume 50 avec « Alleluia »,

3 ensuite les psaumes 117 et 62,

29. En latin : « *Te decet laus...* ».

4 puis le cantique des trois enfants[30],
les psaumes de louange[31],
une lecture de l'Apocalypse par cœur avec le répons,
l'hymne,
le verset,
le cantique de l'Évangile[32],
la litanie[33],
et l'office est terminé.

13. COMMENT CÉLÉBRER LAUDES, LES JOURS ORDINAIRES

1 Les jours ordinaires,
voici comment on célèbre l'office de Laudes.

2 On dit le psaume 66 sans antienne,
en traînant un peu, comme le dimanche.
Alors tous les frères ont le temps d'arriver
pour le psaume 50 qu'on dit avec antienne.

3 Ensuite on dit deux autres psaumes,
selon la coutume, c'est-à-dire :

4 le lundi : les psaumes 5 et 35,

5 le mardi : les psaumes 42 et 56,

6 le mercredi : les psaumes 63 et 64,

30. Voir Daniel 3, 57-88.
31. Voir Psaumes 148, 149 et 150.
32. Voir Luc 1, 68-79.
33. La litanie, à Laudes et à Vêpres, est composée de prières de demande suivies de : « Seigneur, prends pitié. »

7 le jeudi : les psaumes 87 et 89,

8 le vendredi : les psaumes 75 et 91,

9 et le samedi : le psaume 142
avec le cantique du Deutéronome.
On divise ce cantique en deux parties,
et après chaque partie on dit le « Gloire au Père. »

10 Du lundi au vendredi,
on dit un cantique des Prophètes*,
comme l'Église de Rome les chante.
Il y a un cantique différent pour chaque jour.

11 Puis il y a les psaumes de louange[34],
une lecture de l'apôtre Paul qu'on récite par cœur,
le répons,
l'hymne,
le verset,
le cantique de l'Évangile[35],
la litanie,
et l'office est terminé.

12 En tout cas, on ne termine jamais
l'office de Laudes et de Vêpres
sans dire le « Notre Père » à la fin de l'office.
C'est le supérieur qui le dit en entier à haute voix,
pour que tous les frères l'entendent.
Et cela, à cause des petites blessures
qui viennent des disputes habituelles
dans une vie commune.

13 Dans cette prière,
les frères s'engagent ensemble par cette promesse :

---

34. Voir Psaumes 148, 149 et 150.
35. Voir Luc 1, 68-79.

« Pardonne-nous,
comme nous pardonnons*, nous aussi. »
Par là, ils se purifieront de ces fautes.

14 Aux autres offices,
on dit tout haut
seulement la dernière partie de cette prière,
pour que tous répondent : « Mais délivre-nous du mal. »

14. COMMENT CÉLÉBRER LES VIGILES AUX FÊTES DES SAINTS

1 Aux fêtes des saints et à toutes les fêtes,
on fait comme le dimanche[36].

2 Mais on prend les psaumes,
les antiennes et les lectures de la fête.
Pour le nombre, on garde ce qu'on a indiqué plus haut[37].

15. QUAND DIT-ON ALLELUIA ?

1 À partir de la sainte Pâque jusqu'à la Pentecôte,
on dit toujours « Alleluia »
avec les psaumes et les répons.

2 Depuis la Pentecôte jusqu'au début du Carême,
toutes les nuits, on dit « Alleluia »
avec les six derniers psaumes de l'office seulement.

---

36. Voir le chapitre 11.
37. Voir le chapitre 11.

3 Tous les dimanches, sauf pendant le Carême,
on dit « Alleluia » avec les cantiques des Vigiles,
et aussi à Laudes, Prime, Tierce, Sexte et None.
Mais on dit les Vêpres avec antiennes.

4 On ne dit jamais « Alleluia » avec les répons,
sauf de Pâques à la Pentecôte.

16. COMMENT CÉLÉBRER LE SERVICE DE DIEU PENDANT LE JOUR

1 Le Prophète* dit :
« Sept fois par jour, j'ai dit ta louange » *(Psaume 118, 164).*

2 Ce nombre sacré de sept,
voici comment nous le garderons :
en accomplissant les devoirs de notre service*
à Laudes, Prime, Tierce, Sexte, None,
Vêpres et Complies.

3 En effet, le Prophète parle de ces heures de la journée
quand il dit : « Sept fois par jour, j'ai dit ta louange. »

4 Pour les Vigiles de la nuit, le même Prophète dit :
« Au milieu de la nuit, je me lève pour te louer »
(Psaume 118, 62).

5 C'est pourquoi offrons nos louanges à notre Créateur
« pour ses décisions justes » *(Psaume 118, 164)*
à ces moments-là,
c'est-à-dire à Laudes, Prime, Tierce, Sexte, None,
Vêpres et Complies.
Et la nuit, levons-nous pour le louer.

17. COMBIEN DE PSAUMES DIRE PENDANT LE JOUR

1 Nous avons déjà donné l'ordre du chant des psaumes
pour les Vigiles et les Laudes.
Voyons maintenant les offices suivants.

2 À l'office de Prime, on dit trois psaumes séparément
avec « Gloire au Père » après chaque psaume.

3 Avant de commencer les psaumes,
on dit le verset : « Dieu, viens à mon aide »,
puis l'hymne de Prime.

4 Quand les trois psaumes sont finis, on récite :
une lecture,
le verset,
« Seigneur, prends pitié »,
et les paroles de renvoi.

5 À Tierce, Sexte et None,
on célèbre la prière* de la même façon,
c'est-à-dire :
le verset : « Dieu, viens à mon aide »,
puis l'hymne de ces offices,
trois psaumes,
la lecture,
le verset,
« Seigneur, prends pitié »,
et les paroles de renvoi.

6 Si la communauté* est assez nombreuse,
on chante les psaumes avec antiennes.
Si elle est peu nombreuse,
on chante les psaumes sans antienne,
d'un bout à l'autre.

7 L'office des Vêpres
se compose de quatre psaumes avec antiennes.

8 Après ces psaumes, on récite :
une lecture,
le répons,
l'hymne,
le verset,
le cantique de l'Évangile[38],
la litanie,
et la prière du Seigneur termine l'office.

9 Les Complies se composent de trois psaumes.
On chante ces psaumes sans antienne,
d'un bout à l'autre.

10 Puis l'hymne de Complies,
une lecture,
le verset,
« Seigneur, prends pitié »,
et la bénédiction* termine l'office.

18. DANS QUEL ORDRE DIRE LES PSAUMES

1 On dit d'abord le verset :
« Dieu, viens à mon aide.
Seigneur, vite à mon secours ! » *(Psaume 69, 2)*
et le « Gloire au Père ».
Puis l'hymne de chaque office.

2 Ensuite, à Prime, le dimanche,
on dit quatre parties du psaume 118[39].

---

38. Voir Luc 1, 46-55.

39. Le psaume 118 est long. On le divise en plusieurs parties. Chaque partie a huit versets.

3 À chacun des autres offices,
c'est-à-dire à Tierce, Sexte et None,
on dit trois autres parties du psaume 118.

4 À Prime, le lundi, on dit trois psaumes :
les psaumes 1, 2 et 6.

5 On fait la même chose tous les jours à Prime
jusqu'au dimanche.
Chaque jour,
on dit trois psaumes à la suite dans le psautier,
jusqu'au psaume 19.
Mais on divise en deux parties les psaumes 9 et 17.

6 Et ainsi, aux Vigiles du dimanche,
on commence toujours par le psaume 20.

7 Le lundi, à Tierce, Sexte et None,
on dit les neuf parties qui restent du psaume 118 :
trois parties à chaque office.

8 Ainsi, on finit le psaume 118 en deux jours,
c'est-à-dire le dimanche et le lundi.

9 Le mardi, à Tierce, Sexte et None,
on chante trois psaumes depuis le 119 jusqu'au 127,
ce qui fait neuf psaumes.

10 On répète toujours ces mêmes psaumes
aux mêmes offices,
jusqu'au dimanche.
Tous les jours,
on garde le même ordre pour les hymnes,
les lectures et les versets.

11 Et ainsi, le dimanche,
on commence toujours par le psaume 118.

12 À Vêpres, tous les jours, on chante quatre psaumes.

13 On commence par le psaume 109,
et on va jusqu'au psaume 147.

14 Mais on ne chante pas les psaumes 117 à 127,
ni les psaumes 133 et 142.
On les garde pour d'autres offices.

15 Tous les autres psaumes, on les dira à Vêpres.

16 Comme il manque trois psaumes,
on divise en deux parties ceux qui sont plus longs,
c'est-à-dire les psaumes 138, 143 et 144.

17 Le psaume 116 est court,
c'est pourquoi on le dit avec le psaume 115.

18 Voilà l'ordre des psaumes pour Vêpres.
Le reste, c'est-à-dire la lecture, le répons,
l'hymne, le verset et le cantique,
on le dira comme nous l'avons réglé plus haut[40].

19 À Complies, chaque jour,
on répète les mêmes psaumes,
c'est-à-dire les psaumes 4, 90 et 133.

20 Voilà l'ordre des psaumes pour la journée.
Tous les autres psaumes qui restent,
on les distribue de façon égale
entre les Vigiles des sept nuits de la semaine.

21 Les psaumes qui sont plus longs,
on les partage en deux.
Ainsi, on dit douze psaumes
ou parties de psaumes chaque nuit.

22 Avant tout, nous insistons sur ce point :

---

40. Voir le chapitre 17.

si l'ordre des psaumes donné ici
ne plaît pas à quelqu'un,
il peut choisir un autre ordre qu'il juge meilleur.

23 En tout cas, il faut absolument que, chaque semaine,
les frères chantent les 150 psaumes en entier.
Et, aux Vigiles du dimanche,
on les recommence toujours dans le même ordre.

24 Si, pendant la semaine,
les moines* ne chantent pas les 150 psaumes
avec les cantiques habituels,
ils montrent vraiment trop de paresse
dans le service* qu'ils ont promis.

25 En effet, nous lisons que nos saints Pères*
ont fait cela courageusement en un seul jour[41] !
Et nous, qui n'avons pas la même ardeur, hélas,
nous devons chanter au moins tous les psaumes
en une semaine.

19. NOTRE ATTITUDE PENDANT LE CHANT DES PSAUMES

1 Nous croyons ceci : Dieu est présent partout,
et « partout les yeux du Seigneur
regardent les bons et les méchants » *(Proverbes 15, 3)*.

2 Mais nous devons le croire surtout
et en être bien plus certains encore
quand nous participons au Service* de Dieu.

---

41. Saint Benoît cite ici un récit des *Vies des Pères* : un moine, au désert, va voir un autre moine dans sa cellule, et ils disent ensemble les 150 psaumes.

3 C'est pourquoi rappelons-nous toujours
les paroles du Prophète* :
« Servez* le Seigneur avec un respect* confiant »
(Psaume 2, 11).

4 Et encore : « Chantez les psaumes avec sagesse »
(Psaume 46, 8).

5 Et : « Je chanterai pour toi en présence des anges »
(Psaume 137, 1).

6 Alors faisons bien attention à notre attitude
en présence de Dieu et de ses anges.

7 Et quand nous chantons les psaumes,
tenons-nous de telle sorte
que notre esprit soit d'accord avec notre voix.

20. PRIER AVEC GRAND RESPECT

1 Quand nous voulons demander quelque chose
à des gens puissants,
nous n'osons le faire
qu'avec humilité* et grand respect.

2 Alors, quand nous supplions le Seigneur,
le Dieu du monde entier,
nous devons le faire avec plus d'humilité encore,
avec un cœur pur* et tout donné à Dieu.

3 Et nous le savons : Dieu nous exaucera,
si nous prions non pas avec beaucoup de paroles,
mais avec un cœur pur,
peiné jusqu'aux larmes d'avoir offensé Dieu [42].

42. Saint Benoît emploie le mot « componction », c'est-à-dire la peine profonde d'avoir offensé Dieu.

4 C'est pourquoi la prière* doit être courte et pure,
sauf si Dieu, dans sa bonté[43], nous touche
et nous inspire de prier plus longtemps.

5 Mais, en communauté*, la prière sera très courte.
Et, dès que le supérieur donnera le signal,
les frères se lèveront tous ensemble.

21. LES DOYENS DU MONASTÈRE

1 Si la communauté* est nombreuse,
on choisira parmi les moines*
des frères que les autres reconnaissent comme bons
et qui vivent selon Dieu.

2 On en fera des doyens*.
Pour toutes choses,
ils prendront soin de leur groupe de dix frères,
en obéissant aux commandements de Dieu
et aux ordres de leur abbé*.

3 On choisira comme doyens
des frères sur lesquels l'abbé peut compter
pour partager avec eux le poids de sa charge.

4 On ne les choisira pas
selon la date de leur entrée au monastère,
mais selon le mérite de leur vie
et la sagesse de leur enseignement.

5 Si, par hasard, l'un de ces doyens se gonfle d'orgueil
et mérite des reproches,

43. Voir dans le Vocabulaire, page 144, le mot : don de Dieu.

on l'avertira une fois, deux fois, trois fois.
S'il ne veut pas se corriger*,
on lui enlèvera la responsabilité qu'il a,

6 et on mettra à sa place
un frère qui a les qualités nécessaires.

7 Pour le second du monastère[44],
nous décidons la même chose.

22. COMMENT DORMENT LES MOINES

1 Chacun a un lit pour dormir.

2 On donne aux frères ce qu'il faut pour la nuit,
selon leur genre de vie et comme l'abbé* l'a décidé.

3 Autant que possible, tous dorment dans un même lieu.
Quand ils sont trop nombreux,
ils dorment par groupes de 10 ou 20,
avec les anciens* qui prennent soin d'eux.

4 Dans ce dortoir,
une lampe brûle toute la nuit jusqu'au matin.

5 Les frères dorment habillés,
avec une ceinture ou une corde autour des reins.
Quand ils sont couchés,
ils n'auront pas de couteau à leur côté,
pour ne pas se blesser en dormant.

6 Ainsi, les moines* sont toujours prêts *(Luc 12, 35-40)*,
et quand on donne le signal, ils se lèvent sans retard.

44. Voir le chapitre 65.

Et chacun se dépêche
pour arriver le premier au Service* de Dieu,
mais tout de même avec sérieux et avec calme.

7 Les jeunes frères
n'ont pas leur lit les uns près des autres,
mais ils dorment au milieu des anciens.

8 Quand les moines se lèvent pour le Service de Dieu,
ils s'encouragent doucement les uns les autres
et ainsi ils enlèvent toute excuse aux dormeurs.

23. MISE À L'ÉCART DE LA COMMUNAUTÉ À CAUSE DES FAUTES

1 Un frère résiste ou il refuse d'obéir*,
il est orgueilleux ou il murmure*,
il fait quelque chose contre la sainte Règle*
ou contre les ordres de ses anciens*,
et il leur montre du mépris.

2 Dans ce cas, ses anciens doivent l'avertir en particulier
une fois, puis deux fois,
comme notre Seigneur le demande *(Matthieu 18, 15)*.

3 S'il ne change pas,
on lui fait des remarques en public,
devant tous les frères.

4 Quand, malgré cela, il ne se corrige* pas,
on le met à l'écart* de la communauté*,
s'il comprend le sens de cette punition.

5 Mais s'il a la tête trop dure,
on le punit dans son corps.

24. COMMENT METTRE UN FRÈRE À L'ÉCART DE LA COMMUNAUTÉ

1 La mise à l'écart* et la punition
dépendent de l'importance de la faute.

2 C'est l'abbé* qui juge l'importance des fautes.

3 Quand un frère a fait une faute légère,
il ne prend pas son repas avec les autres.

4 Voici comment on traite
celui qui est privé des repas en commun :
à l'oratoire*,
il ne dit plus seul[45] les psaumes ou les antiennes,
il ne fait plus de lecture,
avant d'avoir réparé* sa faute.

5 Il mange seul, après le repas des frères.

6 Par exemple, quand les frères mangent à midi,
ce frère mange à trois heures de l'après-midi.
Quand les frères mangent à trois heures de l'après midi,
lui, il mange le soir.

7 Et cela dure jusqu'au moment
où il a réparé sa faute comme il faut,
et où il obtient son pardon.

25. LES FAUTES GRAVES

1 Le frère qui est coupable d'une faute grave
sera privé à la fois du réfectoire et de l'oratoire*.

45. Au temps de saint Benoît, les psaumes sont dits habituellement par un moine seul. La communauté chante les antiennes.

2 Aucun frère n'ira le trouver
pour lui tenir compagnie ou lui parler.

3 Il sera seul pour faire le travail qu'on lui a commandé
et il restera dans la tristesse que lui cause son repentir.
En effet, il connaît la phrase terrible de l'apôtre Paul :

4 « Cet homme-là, on fait mourir son corps
pour que son esprit soit sauvé*
le jour où le Seigneur viendra » *(1 Corinthiens 5, 5)*.

5 Ce frère mangera seul.
Pour la quantité de nourriture et l'heure du repas,
c'est l'abbé* qui jugera ce qui est bon pour lui.

6 En passant près de lui,
personne ne le bénira*,
ni lui, ni la nourriture qu'on lui donne.

26. CEUX QUI, SANS PERMISSION, VONT TROUVER LES FRÈRES MIS À L'ÉCART

1 Quand un moine*, sans un ordre de l'abbé*,
se permet d'aller trouver, d'une façon ou d'une autre,
un frère mis à l'écart* de la communauté*,
ou bien de lui parler ou de lui envoyer un message,

2 on le punira en le mettant à l'écart de la communauté,
comme l'autre frère.

27. L'ABBÉ DOIT PRENDRE GRAND SOIN DES FRÈRES MIS À L'ÉCART

1 L'abbé* prendra un très grand soin
des frères qui ont fait des fautes.

En effet, « ce ne sont pas ceux qui sont en bonne santé
qui ont besoin du médecin, mais les malades »
(Matthieu 9,12).

2 C'est pourquoi l'abbé doit se servir de tous les moyens
comme un sage médecin.
Il envoie auprès de ce moine*
des frères anciens* et sages.

3 Comme en secret, ils consolent ce frère peu solide.
Ils lui conseillent de réparer* sa faute
avec un cœur humble*.
Ils « le consolent
pour qu'il ne tombe pas dans une tristesse trop grande »
(2 Corinthiens 2, 7).

4 Et, comme l'apôtre Paul le dit encore :
il faut « aimer ce frère davantage » *(2 Corinthiens 2, 8),*
et tous prieront* pour lui.

5 L'abbé doit faire tout ce qu'il faut et très vite,
pour ne pas perdre une seule brebis
du troupeau que Dieu lui a confié.
Pour cela, il se sert
de toute son intelligence et de toute son habileté.

6 En effet, il le sait :
il a reçu la charge de conduire des personnes malades*
et non pas de faire peser un pouvoir exagéré
sur des personnes en bonne santé.

7 Il aura peur de la menace que Dieu a faite
par la bouche du prophète* Ézékiel :
« Les brebis que vous trouviez grasses,
vous les avez prises.
Mais les faibles, vous les avez chassées » *(Ézékiel 34, 3-4).*

8 L'abbé imitera la tendresse du bon berger *(Jean 10, 11)*

qui laisse ses 99 brebis sur les montagnes
pour aller chercher une seule brebis perdue.

9 Il a tellement pitié de la faiblesse de cette brebis
qu'il va jusqu'à la mettre sur ses épaules saintes
et il la ramène ainsi vers le troupeau

(Matthieu 18, 12 ; Luc 15, 4-5).

28. CEUX QUI NE VEULENT PAS CHANGER MALGRÉ DE NOMBREUX REPROCHES

1 Un frère reçoit souvent des reproches pour une faute.
Il a même été mis à l'écart* de la communauté*.
S'il ne change pas,
on le punira plus durement, c'est-à-dire on le frappera.

2 Malgré cela, il ne se corrige* pas.
De plus, emporté par l'orgueil – espérons que non ! –,
il veut prouver que sa conduite est juste.
Dans ce cas, l'abbé* agira comme un sage médecin.

3 Il applique d'abord un médicament doux,
c'est-à-dire des conseils
qui calment la douleur et qui encouragent.
Puis il présente au frère la Parole de Dieu pour le guérir.
Enfin, il brûle sa plaie en le mettant à l'écart
et il lui donne des coups de bâton.

4 Si l'abbé voit que tout ce qu'il fait ne sert à rien,
alors il emploie un remède meilleur que les autres.

5 Il va prier*
et tous les frères vont prier aussi pour ce frère malade,
afin que le Seigneur qui peut tout
lui rende la santé.

6 Pourtant ce frère ne guérit pas, même avec ce remède.
Alors l'abbé le coupera de la communauté.
Il suivra la parole de l'apôtre Paul :
« Enlevez l'homme mauvais du milieu de vous »
(1 Corinthiens 5, 13).

7 L'apôtre dit encore :
« Quand celui qui n'est pas fidèle veut partir,
qu'il parte ! » *(1 Corinthiens 7, 15)*.

8 Sinon, une seule brebis malade
va donner la maladie à tout le troupeau.

29. DOIT-ON RECEVOIR DE NOUVEAU LES FRÈRES QUI ONT QUITTÉ LE MONASTÈRE ?

1 Un frère est sorti du monastère* par sa faute.
Il veut revenir.
Alors il promettra d'abord de se corriger* tout à fait
de la faute qui a causé son départ.

2 Ensuite, on le reçoit au dernier rang.
Cela permet de voir si son cœur est vraiment humble*.

3 S'il quitte encore le monastère,
on le recevra de cette façon jusqu'à trois fois.
Mais, après cela,
il saura qu'il ne pourra plus jamais revenir.

30. COMMENT CORRIGER LES JEUNES ENFANTS

1 Il faut traiter chacun selon son âge
et selon son jugement.

2 C'est pourquoi voici comment on punira les enfants,
les adolescents ou les adultes
qui ne peuvent pas comprendre
la gravité de la mise à l'écart* de la communauté*.

3 Quand ils font des fautes,
on les fait beaucoup jeûner*
ou bien on les frappe très fort pour les guérir.

31. LES QUALITÉS QUE LE CELLÉRIER DU MONASTÈRE DOIT AVOIR

1 Comme cellérier* du monastère*,
on choisira dans la communauté*
un frère sage et de caractère mûr,
sobre dans le boire et le manger.
Il n'est pas orgueilleux, ni agité, ni injuste,
ni lent, ni dépensier,

2 mais animé d'un respect* confiant envers Dieu.
Pour toute la communauté il sera comme un père.

3 Il prendra soin de tous.

4 Il ne fera rien sans ordre de l'abbé*.

5 Il obéira avec soin aux ordres qu'il reçoit.

6 Il ne fera pas de peine à ses frères.

7 Si un frère lui demande quelque chose
qui n'est pas raisonnable,
le cellérier ne le rendra pas triste
en lui montrant du mépris.
Mais, humblement*, il refusera avec raison
à celui qui a fait une mauvaise demande.

8 Le cellérier veillera sur lui-même
et il se rappellera toujours cette parole de l'apôtre Paul :
« Celui qui fait bien son service
se prépare une place d'honneur » *(1 Timothée 3, 13)*.

9 Il prendra le plus grand soin des malades*, des enfants,
des hôtes* et des pauvres.
Il sera tout à fait sûr qu'au jour du jugement,
il rendra compte à Dieu de sa façon d'agir avec eux tous.

10 Tous les objets du monastère et tous ses biens,
il les regarde comme les vases sacrés de l'autel.

11 Pour le cellérier, rien ne sera sans importance.

12 Il ne sera pas avare.
Il ne sera pas non plus dépensier
et il ne gaspillera pas les biens du monastère.
Mais il fera tout avec mesure*,
en suivant les ordres de l'abbé.

13 Avant tout, il sera humble.
Et quand il ne peut pas satisfaire quelqu'un,
il lui répondra aimablement.

14 En effet, la Bible dit :
« Une parole aimable vaut mieux que tous les cadeaux »
(Siracide 18, 17).

15 Tout ce que l'abbé lui confie,
le cellérier s'en chargera avec soin.
Ce que l'abbé lui interdit,
il ne se permettra pas de s'en occuper.

16 Il servira aux frères la part qui leur revient.
Il le fera sans orgueil et sans retard,
pour ne pas les faire tomber dans le péché.
Il se rappellera la parole du Christ,
et la punition méritée

par celui qui « fait tomber dans le péché
un seul de ces petits » *(Matthieu 18, 6).*

17 Quand la communauté est nombreuse,
on donnera des aides au cellérier.
Alors, avec eux,
lui aussi pourra faire le travail qu'on lui a confié
en gardant la paix*.

18 Au moment qui convient,
on donnera ce qu'il faut donner
et on demandera ce qu'il faut demander.
Alors personne ne sera troublé ou triste
dans la maison de Dieu.

32. LES OUTILS ET LES OBJETS DU MONASTÈRE

1 Pour s'occuper des biens du monastère* :
outils, vêtements et tous les autres objets,
l'abbé* choisit des frères en qui il a confiance.
C'est leur bonne conduite et leur façon de faire
qui guident son choix.

2 L'abbé leur donne la responsabilité
de ces différents objets,
comme il le juge bon.
Alors les frères en prennent soin et ils les rangent.

3 L'abbé aura la liste de ces choses.
Ainsi, quand les frères se succèdent dans un service,
l'abbé sait ce qu'il donne et ce qu'il reçoit.

4 Si quelqu'un traite les objets du monastère
sans propreté ou avec négligence*,
on lui fera des reproches.

5 Si ce frère ne se corrige* pas, on le punira selon la Règle*.

33. LES MOINES PEUVENT-ILS AVOIR QUELQUE CHOSE À EUX ?

1 Posséder égoïstement est un penchant mauvais.
Avant tout, il faut l'arracher du monastère*
avec ses racines !

2 Personne ne se permettra
de donner ou de recevoir quelque chose
sans ordre de l'abbé*.

3 Et personne n'aura quelque chose à soi,
rien, absolument rien :
ni livre, ni cahier, ni crayon[46], rien du tout.

4 En effet, les moines* n'ont pas même le droit
d'être propriétaires de leur corps* et de leur volonté !

5 Mais tout ce qui est nécessaire,
on le demande au père du monastère.
Et on n'a pas le droit d'avoir quelque chose,
quand l'abbé ne l'a pas donné ou permis.

6 « Tout sera commun à tous »,
comme c'est écrit dans la Bible *(Actes 4, 32)*.
Personne ne dira : « Cet objet est à moi »,
et on n'osera pas le prendre pour soi.

7 Si l'on s'aperçoit
qu'un frère cultive avec plaisir
ce penchant vraiment mauvais,
on l'avertira une fois, deux fois.

8 S'il ne se corrige* pas, on le punira.

46. Saint Benoît parle de tablettes de cire et de poinçon.

34. TOUS DOIVENT-ILS RECEVOIR LES CHOSES NÉCESSAIRES DE FAÇON ÉGALE ?

1 On fera comme c'est écrit dans les Actes des Apôtres :
« On donnait à chacun selon ses besoins » *(Actes 4, 35).*

2 Nous ne voulons pas dire
qu'il faut faire des différences entre les moines*.
Surtout pas !
Mais on fera attention à ceux qui sont faibles*.

3 Quand un moine a besoin de moins de choses,
il remerciera Dieu et il ne sera pas triste.

4 Quand un autre a besoin de plus de choses,
il se jugera petit parce qu'il est faible.
Il ne se croira pas grand
parce qu'on est bienveillant* envers lui.

5 Ainsi tous les membres seront dans la paix*.

6 Avant tout,
les moines ne laisseront jamais apparaître
le mal du murmure*,
sous aucun prétexte,
ni en paroles, ni en gestes.

7 Si on voit quelqu'un murmurer,
on le punira très sévèrement.

35. LES CUISINIERS DE LA SEMAINE

1 Les frères se serviront les uns les autres.
Donc personne ne sera dispensé
du service* de la cuisine,
sauf si un frère est malade*,
ou s'il s'occupe de choses plus importantes.

2 En effet, ce service augmente la récompense
et fait grandir l'amour*.

3 Ceux qui n'ont pas beaucoup de force,
on leur donne des aides
pour qu'ils ne travaillent pas avec tristesse.

4 D'ailleurs, tous auront des aides,
selon l'importance de la communauté*
et la situation du monastère*.

5 Quand la communauté est nombreuse,
le cellérier* ne fait pas la cuisine.
Ceux qui s'occupent de choses plus importantes
ne la font pas non plus,
comme on l'a déjà dit.

6 Mais tous les autres frères
se serviront mutuellement avec amour.

7 Celui qui a fini son travail de semaine
nettoie tout, le samedi.

8 On lave les linges avec lesquels les frères s'essuient
les mains et les pieds.

9 Le cuisinier qui a fini la semaine
et le frère qui va la commencer
lavent aussi les pieds de tous.

10 Le cuisinier rend au cellérier
les ustensiles de son service.
Ils seront propres et en bon état.

11 Puis le cellérier les donne au cuisinier
qui commence la semaine.
Ainsi il sait ce qu'il donne et ce qu'il reçoit.

12 Quand on ne mange qu'une fois dans la journée,
les cuisiniers de la semaine
reçoivent chacun avant le repas

de la boisson et du pain,
en plus de leur part habituelle.

13 Ainsi, au moment du repas,
ils peuvent servir leurs frères sans murmurer*
et sans trop de fatigue.

14 Mais les jours de fête,
ils attendront jusqu'aux prières de la fin du repas.

15 Le dimanche, tout de suite après Laudes,
les cuisiniers qui vont commencer
leur semaine de service
et ceux qui l'ont finie
se mettent à genoux devant tous, à l'oratoire*,
et ils demandent aux frères de prier* pour eux.

16 Le cuisinier qui a fini la semaine dit ce verset :
« Tu es béni, Seigneur mon Dieu,
tu m'as aidé et consolé ! » *(Psaume 85, 17)*.

17 Il dit ce verset trois fois
et il reçoit une bénédiction*.
Celui qui commence la semaine vient ensuite et il dit :
« Dieu, viens à mon aide.
Seigneur, vite à mon secours ! » *(Psaume 69, 2)*.

18 Et tous répètent ce même verset trois fois.
Le nouveau cuisinier reçoit une bénédiction,
puis il commence la semaine.

36. LES FRÈRES MALADES

1 Avant tout et par-dessus tout,
il faut prendre soin des frères malades*.
On les servira* vraiment comme le Christ* lui-même,

2 parce qu'il a dit :
« J'ai été malade, et vous êtes venus me visiter »
(Matthieu 25, 36).

3 Et : « Ce que vous avez fait à l'un de ces plus petits,
c'est à moi que vous l'avez fait » *(Matthieu 25, 40).*

4 Mais, à leur tour, les malades comprendront
que c'est pour l'honneur de Dieu qu'on les sert.
Et ils ne feront pas de peine aux frères qui les servent
en réclamant trop de choses.

5 Pourtant, il faut supporter ces malades avec patience*,
parce qu'ils font gagner une récompense plus grande.

6 L'abbé* veillera donc avec très grand soin
à ce qu'on s'occupe d'eux sans aucune négligence*.

7 Les malades ont un logement à part, exprès pour eux.
Pour les servir,
on leur donne un frère
qui respecte* Dieu avec confiance,
qui est plein de dévouement et soigneux.

8 Chaque fois que c'est nécessaire,
on offre aux malades de prendre un bain.
Mais on le permet plus rarement
à ceux qui sont en bonne santé
et surtout aux jeunes[47].

9 De plus, on permet aux frères qui sont très faibles
de manger de la viande pour refaire leurs forces.
Mais, quand ils vont mieux,
tous se privent de viande comme d'habitude.

---

47. Les anciens moines ne prenaient jamais de bain, par désir de pénitence, sauf en cas de maladie. Saint Benoît est moins sévère et permet les bains, mais rarement.

10 L'abbé veillera avec très grand soin
à ce que les cellériers* et les infirmiers
ne soient pas négligents avec les malades.
En effet, c'est l'abbé qui est responsable
de toutes les fautes de ses disciples*.

37. LES VIEILLARDS ET LES ENFANTS

1 L'être humain est naturellement porté
à être bienveillant* envers les vieillards et les enfants,
à cause de leur âge.
Pourtant la Règle*, avec son autorité,
doit s'en occuper.

2 Il faut toujours tenir compte de leur faiblesse*.
Pour la nourriture,
on ne les obligera jamais à supporter
ce que la Règle a de pénible.

3 Mais, avec eux, on sera plein d'attention affectueuse,
et ils pourront manger avant l'heure fixée pour les repas.

38. LE LECTEUR DE SEMAINE

1 Pendant le repas des frères,
la lecture ne doit jamais manquer.
Et ce n'est pas au hasard qu'un frère prend le livre
pour lire au réfectoire.
Mais on nomme un frère
qui lira pendant une semaine entière.
Il commence le dimanche.

2 Après la messe et la communion,
le lecteur qui va commencer la semaine
demande à tous de prier* pour lui,
afin que Dieu le protège de l'orgueil.

3 Et à l'oratoire*, trois fois de suite,
il dit le début de ce verset :
« Seigneur, ouvre mes lèvres,
et ma bouche annoncera ta louange » *(Psaume 50, 17)*.
Tous le continuent après lui.

4 Et quand il a reçu la bénédiction*,
le lecteur commence la semaine.

5 Pendant le repas, on garde un silence* complet.
Ainsi on n'entend personne
parler à voix basse ou à voix haute,
on entend seulement celui qui lit.

6 Pour la nourriture ou la boisson,
les frères se servent* les uns les autres.
Alors personne n'a besoin de rien demander.

7 Pourtant, si on a besoin de quelque chose,
on le demande par un signe plutôt que par la parole.

8 Et pendant le repas,
personne ne doit se permettre de poser des questions
sur la lecture ou sur autre chose,
et cela, pour éviter tout désordre.

9 Mais le supérieur peut dire quelques mots, s'il le veut,
pour faire du bien aux frères.

10 Le lecteur de semaine boit du vin
mélangé avec de l'eau,
avant de commencer la lecture.
Il fait ainsi à cause de la sainte communion,
et pour que le jeûne* ne soit pas trop fatigant.

11 Après la lecture, il prend son repas avec les cuisiniers
et avec les frères qui ont servi à table.

12 Tous ne seront pas lecteurs ou chantres
selon leur rang.
On choisira seulement les frères
qu'on peut écouter* avec profit.

39. LA NOURRITURE

1 Pour le repas de chaque jour,
vers midi ou trois heures de l'après-midi,
nous pensons que deux plats cuits
suffisent à toutes les tables.
Et cela, à cause des faiblesses* de chacun.

2 Alors celui qui ne peut pas manger d'un plat
mangera de l'autre.

3 C'est pourquoi deux plats cuits
suffisent à tous les frères.
Et quand on peut avoir des fruits ou des légumes frais,
on les ajoute comme troisième plat.

4 Quand il y a un seul repas,
et aussi quand il y en a deux, à midi et le soir,
un gros morceau de pain suffit pour la journée.

5 Quand on fait un repas le soir,
le cellérier* garde le tiers du morceau de pain
pour le donner aux frères à ce moment-là.

6 Quand il y a plus de travail que d'habitude,
l'abbé* peut, s'il le juge bon, ajouter quelque chose.

7 Mais il faut surtout éviter les excès,
de façon que jamais un moine
n'arrive jusqu'à l'indigestion.

8 En effet, il n'y a rien de plus contraire à tout chrétien
que de manger trop.

9 Notre Seigneur le dit : « Attention !
Ne rendez pas vos cœurs* lourds
en mangeant et en buvant trop ! » *(Luc 21, 34)*.

10 Pour les jeunes enfants,
on ne sert pas la même quantité de nourriture
que pour les plus âgés.
On leur en donne moins,
en gardant la mesure en toutes choses.

11 Mais tous éviteront absolument
de manger de la viande,
sauf les malades qui sont très faibles.

40. LA BOISSON

1 « Chacun reçoit de Dieu un don particulier :
l'un celui-ci, et l'autre celui-là » *(1 Corinthiens 7, 7)*.

2 C'est pourquoi nous hésitons un peu
à fixer la quantité de nourriture et de boisson
pour les autres.

3 Pourtant, à cause de l'infirmité de ceux qui sont faibles*,
nous pensons qu'une hémine[48] de vin
suffit à chaque frère
pour la journée.

48. Une hémine est une mesure entre un quart et un demi-litre.

4 Mais, à certains, Dieu donne la force de s'en priver.
Ceux-là doivent le savoir,
ils recevront pour cela une récompense spéciale.

5 Quand on a besoin de boire davantage de vin
à cause de l'endroit où l'on est,
à cause du travail* ou de la chaleur de l'été,
le supérieur décide d'en donner plus.
Mais, en tout cas, il fait attention à ceci :
les moines* ne boiront pas trop de vin
et ils ne deviendront jamais ivres.

6 Pourtant, voici ce que nous lisons[49] :
« Le vin n'est absolument pas fait pour les moines. »
Mais, aujourd'hui,
on ne peut pas les convaincre de cette vérité.
Alors, mettons-nous d'accord au moins pour dire :
il ne faut pas en boire trop, mais avec mesure*.

7 En effet, « à cause du vin,
même les sages peuvent abandonner Dieu »
(Siracide 19, 2).

8 Quelquefois, l'endroit est tellement pauvre
qu'on ne peut même pas trouver
la quantité de vin fixée plus haut.
On en trouve beaucoup moins ou pas du tout.
Alors les moines qui vivent là
béniront Dieu au lieu de murmurer*.

9 Oui, avant tout, voici ce que nous recommandons :
que les moines ne murmurent jamais !

49. Parole de sagesse d'Abba Poemen.

41. LES HEURES DES REPAS

1 À partir de la sainte Pâque jusqu'à la Pentecôte,
les frères mangent à midi et le soir.

2 À partir de la Pentecôte, pendant tout l'été,
quand les moines* ne travaillent pas aux champs,
et quand ils ne sont pas trop fatigués par la chaleur,
ils jeûnent* jusque vers trois heures de l'après-midi,
le mercredi et le vendredi.

3 Les autres jours, ils mangent à midi.

4 Quand ils travaillent dans les champs
ou quand il fait très chaud en été,
le repas doit rester fixé à midi.
C'est l'abbé* qui décide cela.

5 Il règle et organise tout avec mesure*.
Ainsi les frères peuvent être sauvés*
et ils font leur travail
sans avoir aucune raison de murmurer*.

6 À partir du 14 septembre jusqu'au début du Carême,
les frères mangent toujours
vers trois heures de l'après-midi.

7 Pendant le Carême jusqu'à Pâques,
ils mangent le soir après les Vêpres.

8 Les Vêpres auront lieu assez tôt.
Alors on n'aura pas besoin
d'allumer une lampe pour le repas,
et tout se terminera à la lumière du jour.

9 C'est la même chose toute l'année :
le repas du soir ou le seul repas de la journée
sera assez tôt
pour que tout se fasse à la lumière du jour.

42. PERSONNE NE PARLERA APRÈS COMPLIES

1 Les moines* doivent s'appliquer à garder le silence*
tout le temps,
mais surtout pendant la nuit.

2 C'est pourquoi, tous les jours,
les jours de jeûne* et les jours sans jeûne,
voici ce qu'on fait.

3 Quand les moines ne jeûnent pas,
il y a un repas le soir.
Tout de suite après ce repas, tous s'assoient ensemble.
Et un frère lit les Conférences[50] ou les Vies des Pères*[51],
ou autre chose qu'on peut écouter* avec profit.

4 On ne lit pas les sept premiers livres de la Bible
ni les Livres des Rois.
En effet, pour ceux qui ont l'esprit trop sensible,
ce n'est pas bon d'entendre cette partie de la Bible
à ce moment-là.
Mais on lira ces livres à d'autres heures.

5 Quand c'est un jour de jeûne, on dit les Vêpres.
Puis, après un petit moment,
les frères viennent sans retard écouter la lecture*,
comme nous l'avons dit.

6 On lit quatre ou cinq pages, plus ou moins,
selon le temps qu'on a.
Si quelques moines sont occupés à un travail,

7 cette lecture donne à tous le temps
d'arriver à la réunion.

---

50. Livre écrit par Jean Cassien (360-435), moine qui a longtemps vécu dans le désert d'Égypte avant de fonder des monastères à Marseille.

51. Dans les livres qui racontent la vie des Pères du désert.

8 Quand tous sont réunis, ils disent Complies.
Et, en sortant de Complies,
aucun moine n'a plus la permission
de dire quelque chose à un autre.

9 Si on trouve un frère
qui n'obéit pas à cette règle du silence,
on le punit sévèrement.

10 Mais on peut parler exceptionnellement,
quand il faut recevoir des hôtes*,
ou quand l'abbé* doit donner un ordre à quelqu'un.

11 Pourtant, même dans ces cas-là,
on agira avec un grand sérieux et une grande réserve.

43. CEUX QUI ARRIVENT EN RETARD AU SERVICE DE DIEU OU AUX REPAS

1 Quand c'est l'heure du Service* de Dieu,
dès que les moines* entendent le signal,
ils laissent immédiatement
tout ce qu'ils ont dans les mains
et ils arrivent très vite.

2 Mais ils marchent avec sérieux
pour éviter d'amuser les autres.

3 Donc on ne doit rien préférer au Service de Dieu.

4 On commence les Vigiles par le psaume 94.
Il faut le dire lentement, en traînant un peu,
à cause des retardataires.
Quand un frère
arrive après le « Gloire au Père » de ce psaume,

il ne se met pas à son rang au chœur[52].

5 Mais il se tient à la dernière place,
ou à l'endroit choisi par l'abbé*
pour les négligents* de cette sorte.
À cet endroit, le retardataire est vu
par l'abbé et par tous les frères.

6 Il reste là jusqu'à la fin du Service de Dieu.
Ensuite il répare* sa faute devant tous.

7 Voici pourquoi nous voulons
que les retardataires se tiennent à la dernière place,
séparés des autres :
de cette façon, tous les frères les voient,
et alors ils ont honte,
et cela les aide à se corriger*.

8 En effet, s'ils restent en dehors de l'oratoire*,
il peut arriver
qu'un frère retourne se coucher pour dormir.
Ou encore, il peut s'asseoir dehors
et passer son temps à bavarder.
Ainsi il donne à l'esprit* mauvais
l'occasion de le faire tomber.

9 Donc il vaut mieux que les retardataires
entrent à l'oratoire.
Alors ils ne perdent pas tout l'office
et, de plus, ils peuvent se corriger.

10 Pendant la journée,
les frères qui arrivent au Service de Dieu
après le verset

52. Le chœur est la partie de l'oratoire* où les moines se rassemblent pour prier.

et après le « Gloire au Père » du premier psaume
qui suit le verset,
se mettent à la dernière place,
comme nous l'avons dit plus haut.

11 Et ils ne se permettent pas
de chanter les psaumes avec les frères
avant d'avoir réparé leur faute.
Mais si l'abbé leur pardonne et leur permet de chanter,
ils le font.

12 Pourtant, même dans ce cas,
le coupable réparera sa faute.

13 Aux repas, tous les frères ensemble disent le verset
et ils prient*.
Puis ils se mettent à table tous au même moment.

14 Si un frère n'est pas arrivé avant le verset
par négligence ou à cause d'un penchant mauvais,
on lui fait des reproches, et cela deux fois.

15 Ensuite, s'il ne se corrige pas,
on ne lui permet plus de manger avec les autres.

16 Mais, séparé de la compagnie de tous ses frères,
il mange seul et on ne lui donne pas de vin à boire,
jusqu'à ce qu'il répare sa faute et se corrige.

17 On punit de la même façon celui qui n'est pas là
quand on dit le verset à la fin du repas.

18 Aucun frère ne se permettra
de manger ou de boire quelque chose
avant l'heure du repas ou après.

19 Voici ce qui peut arriver :
le supérieur offre quelque chose à un frère,
mais celui-ci refuse de le prendre.

Ensuite, le frère désire prendre ce qu'il a d'abord refusé
ou bien autre chose.
Ce frère-là ne recevra rien du tout
avant de se corriger comme il faut.

44. COMMENT LES FRÈRES MIS À L'ÉCART RÉPARERONT LEUR FAUTE

1 Le frère qui est mis à l'écart*
de l'oratoire* et du réfectoire,
pour une faute grave,
se tient prosterné devant la porte de l'oratoire
pendant le Service* de Dieu.

2 Il reste là, sans rien dire, le visage contre terre,
allongé aux pieds de tous ceux qui sortent de l'oratoire.

3 Et cela, il le fait
jusqu'au moment où l'abbé* juge qu'il a réparé* sa faute.

4 Quand l'abbé lui en donne l'ordre,
il vient se jeter à ses pieds
et aux pieds de tous les frères,
afin qu'ils prient* pour lui.

5 Et alors, si l'abbé lui en donne l'ordre,
on l'accepte au chœur, au rang décidé par l'abbé.

6 Mais il ne se permet pas de réciter seul un psaume[53],
ni de faire une lecture[54] ou autre chose à l'oratoire,
sans un nouvel ordre de l'abbé.

---

53. Voir le chapitre 24, verset 4 : page 76, note 45.
54. Voir le chapitre 8, verset 3 : page 57, note 17.

7 Et, à toutes les Heures, à la fin du Service de Dieu,
il se jette le visage contre terre,
à la place où il se trouve,

8 et il répare sa faute de cette façon,
jusqu'au moment où l'abbé lui donne l'ordre d'arrêter.

9 Les frères qui, pour des fautes légères,
sont mis à l'écart du réfectoire seulement,
réparent leur faute dans l'oratoire,
jusqu'à ce que l'abbé leur ordonne d'arrêter.

10 Ils font cela
jusqu'au moment où l'abbé donne sa bénédiction*
et dit : « Cela suffit. »

45. CEUX QUI SE TROMPENT À L'ORATOIRE

1 Si un frère se trompe en récitant un psaume,
un répons, une antienne ou une lecture,
il fera un geste d'humilité* sur place et devant tous,
pour réparer* sa faute.
S'il ne le fait pas, on le punira plus sévèrement.

2 En effet, il n'a pas voulu corriger
par un geste d'humilité
la faute qu'il a faite par négligence*.

3 Quand ce sont des enfants
qui refusent de réparer leurs fautes,
on les frappera.

46. CEUX QUI FONT D'AUTRES FAUTES

1 Pendant un travail* à la cuisine, dans le cellier[55],
dans un service*, à la boulangerie, au jardin,
dans un atelier ou dans un autre lieu,
un frère fait une faute :

2 il casse ou il perd un objet,
ou bien il fait une autre faute, n'importe où.

3 Mais il ne vient pas tout de suite et de lui-même
réparer* sa faute devant l'abbé*
et devant la communauté*.
Il ne dit pas ce qu'il a fait.

4 Alors, si on apprend la chose par un autre frère,
on le punira plus sévèrement.

5 Mais si c'est un péché secret du cœur,
il le fera connaître seulement à l'abbé
ou à des anciens* qui vivent selon l'Esprit de Dieu.

6 Ceux-là savent soigner leurs blessures personnelles
et celles des autres,
sans les découvrir et sans les raconter à tous.

47. COMMENT ANNONCER L'HEURE DU SERVICE DE DIEU

1 C'est l'abbé*
qui doit annoncer l'heure du Service* de Dieu,
le jour et la nuit.

---

55. Le cellier est l'endroit où l'on garde les réserves de nourriture et de boisson.

Ou bien il donne lui-même le signal,
ou bien il en charge un autre frère.
Celui-ci fera très attention
pour que tout se passe au moment voulu.

2 Les frères qui en ont reçu l'ordre
récitent seuls les psaumes et les antiennes,
chacun à leur tour, après l'abbé.

3 Aucun frère ne se permettra de chanter ou de lire
si on ne peut pas l'écouter avec profit.

4 Quand un frère en reçoit l'ordre de l'abbé,
il le fait avec humilité*, sérieux et grand respect.

48. LE TRAVAIL MANUEL DE TOUS LES JOURS

1 La paresse est l'ennemie de l'âme.
Aussi, à certains moments,
les frères doivent être occupés
à travailler* de leurs mains.
À d'autres moments,
ils doivent être occupés
à la lecture* de la Parole de Dieu.

2 C'est pourquoi nous croyons
qu'il faut organiser ces deux occupations
de la façon suivante :

3 De Pâques au 1er octobre,
en sortant de l'office de Prime,
les frères font le travail nécessaire
jusqu'à 10 heures environ.

4 De 10 heures jusqu'à l'office de Sexte,
ils font leur lecture.

5 Après Sexte, en sortant de table,
ils se reposent sur leur lit dans un silence* complet.
Ou bien, quand un frère veut lire en particulier,
il lit tout bas, sans gêner les autres.

6 On dit None plus tôt, vers 2 heures et demie.
Puis les frères recommencent à travailler jusqu'à Vêpres.

7 Quand ils doivent rentrer les récoltes eux-mêmes,
parce que c'est nécessaire là où ils sont,
ou bien parce qu'ils sont pauvres*,
ils ne seront pas tristes.

8 En effet, quand ils vivent du travail de leurs mains,
comme nos Pères* et les Apôtres,
alors ils sont vraiment moines*.

9 Pourtant, on fera tout avec mesure*,
à cause de ceux qui sont faibles*.

10 Du 1er octobre jusqu'au début du Carême,
le matin, les frères font leur lecture
jusqu'à 8 heures environ.

11 Puis, vers 8 heures, ils disent Tierce.
Ensuite, ils font le travail qu'on leur a commandé
jusqu'à 3 heures de l'après-midi environ.

12 Au premier signal de None,
tous les frères laissent leur travail
pour être prêts au deuxième signal.

13 Après le repas,
ils lisent de nouveau ou ils étudient les psaumes.

14 Pendant le Carême,
ils font leur lecture depuis le matin jusqu'à 9 heures.
Puis ils font le travail qu'on leur a commandé
jusqu'à 4 heures de l'après-midi.

15 Pendant ce temps du Carême,
chaque frère reçoit un livre de la bibliothèque.
Il le lira à la suite et en entier.

16 On distribue ces livres au début du Carême.

17 Avant tout, on nomme un ou deux anciens*
qui circulent dans le monastère*
au moment où les frères font leur lecture.

18 Ils les surveillent :
il y en a un peut-être qui n'a de goût à rien.
Il passe son temps à ne rien faire
ou bavarde au lieu de s'appliquer à la lecture.
Ce frère se fait du tort à lui-même
et, de plus, il distrait les autres.

19 Quand on trouve un moine de ce genre
– espérons que non ! –,
on lui fait des reproches une fois, deux fois.

20 S'il ne se corrige* pas, on le punit selon la Règle*,
pour que les autres en éprouvent de la crainte
(1 Timothée 5, 20).

21 Un frère n'ira pas avec un autre frère
quand ce n'est pas le moment.

22 Le dimanche, tous les frères s'occupent à la lecture,
sauf ceux qui sont responsables de services divers.

23 Si un frère négligent* ou paresseux
ne veut pas ou ne peut pas méditer* ou lire,
on lui commande un travail
pour qu'il ne reste pas sans rien faire.

24 Quant aux frères malades ou de santé fragile,
on leur donne une occupation

ou un métier qui leur convient.
Ainsi, ils ne restent pas inoccupés,
et pourtant
ils ne sont pas écrasés par un travail trop dur,
ou ils n'ont pas envie de le fuir.

25 L'abbé* doit tenir compte de leur faiblesse.

49. COMMENT VIVRE PENDANT LE CARÊME

1 Les moines* doivent toujours vivre
comme pendant le Carême,
C'est sûr !

2 Mais peu d'entre eux ont ce courage.
C'est pourquoi nous recommandons
de garder une vie très pure*,
au moins pendant le Carême,

3 et donc d'effacer pendant ces jours saints
toutes les négligences* du reste de l'année.

4 Pour y arriver, voici ce qu'il faut faire :
abandonner tous nos penchants mauvais,
faire effort pour prier* avec larmes,
pour lire*,
pour avoir le cœur peiné d'avoir offensé Dieu,
pour nous priver.

5 Alors, pendant ces jours,
ajoutons quelque chose au service* habituel
qui est notre devoir :
prions plus souvent seuls devant Dieu,
prenons moins de nourriture et moins de boisson.

6 Ainsi chaque moine offre librement à Dieu
et avec la joie de l'Esprit Saint*
quelque chose en plus de ce qu'on lui demande,

7 c'est-à-dire : il mange moins, il boit moins,
il dort moins, il parle moins, il évite les plaisanteries.
Et il attend la sainte fête de Pâques
avec la joie du désir inspiré par l'Esprit de Dieu.

8 Mais ce que chacun veut offrir à Dieu,
il le proposera à son abbé*.
Ainsi il agira avec son accord et avec l'aide de sa prière.

9 En effet, quand un moine agit
sans la permission du père spirituel[56],
il faut penser que cela vient de l'orgueil
ou du désir d'être admiré.
Et Dieu ne récompense pas cette façon de faire.
Donc, il faut tout faire avec l'accord de l'abbé.

50. LES FRÈRES QUI TRAVAILLENT LOIN DE L'ORATOIRE ET CEUX QUI VOYAGENT

1 Certains frères travaillent* très loin
et ils ne peuvent se rendre à l'oratoire*
au moment voulu.

2 L'abbé* voit que c'est vraiment trop loin.

3 Dans ce cas, ces frères célèbrent le Service* de Dieu
à l'endroit où ils travaillent,
et ils s'agenouillent avec un grand respect pour Dieu.

56. Ici, il s'agit de l'abbé.

4 De la même façon, ceux qu'on envoie en voyage
n'oublieront pas de dire les Heures fixées,
mais ils les célèbrent seuls, comme ils peuvent.
Et ils ne négligent* pas d'accomplir ce service
qui est pour eux un devoir.

51. LES FRÈRES QUI NE PARTENT PAS TRÈS LOIN

1 Un frère est envoyé pour une affaire
en dehors du monastère*,
et on attend son retour le jour même.
Ce frère ne se permettra pas de manger à l'extérieur,
même si quelqu'un l'invite en insistant beaucoup.

2 Il peut le faire seulement
si l'abbé* lui en a donné la permission.

3 Mais s'il agit autrement,
on le mettra à l'écart* de la communauté*.

52. L'ORATOIRE DU MONASTÈRE

1 L'oratoire* sera ce que son nom veut dire :
un « lieu de prière* ».
Dans cet endroit, on ne fera pas autre chose que prier,
on mettra seulement ce qui est utile pour la prière.

2 Quand le Service* de Dieu est fini,
tous les frères sortent dans un profond silence*,
avec un grand respect pour Dieu.

3 Ainsi, quand un frère veut rester pour prier seul,
les autres ne le gênent pas.

4 Et quand, à un autre moment,
un moine veut prier dans le secret de son cœur,
il entre simplement et il prie.
Il ne prie pas à voix haute,
mais avec larmes et de tout son cœur.

5 Celui qui ne prie pas de cette façon
n'aura pas la permission de rester à l'oratoire
après le Service de Dieu,
comme on vient de le dire.
Ainsi, il ne gênera pas un autre frère.

53. L'ACCUEIL DES HÔTES

1 Tous les hôtes* qui arrivent
seront reçus comme le Christ*.
En effet, lui-même dira :
« J'étais un hôte et vous m'avez reçu » *(Matthieu 25, 35)*.

2 On les reçoit tous avec le respect dû à chacun,
surtout les frères chrétiens et les étrangers *(Galates 6, 10)*.

3 C'est pourquoi, dès qu'on annonce l'arrivée d'un hôte,
le supérieur et les frères vont à sa rencontre
avec tout l'honneur que l'amour inspire.

4 Ils commencent par prier* ensemble.
Puis ils se donnent la paix*.

5 On donne ce baiser de paix seulement après la prière,
à cause des tromperies de l'esprit* du mal.

6 Dans les salutations,
on montre tous les signes de l'humilité*
à tous les hôtes qui arrivent ou qui partent.

7 On courbe la tête ou bien on se prosterne à terre
pour adorer en eux le Christ qu'on reçoit.

8 Après cet accueil, on conduit les hôtes à la prière.
Puis le supérieur ou le frère qu'il envoie
s'assoit avec eux.

9 On lit la loi de Dieu devant l'hôte,
pour lui faire du bien.
Ensuite,
on lui donne toutes les marques de l'hospitalité.

10 Le supérieur cesse de jeûner*
à cause de celui qu'il reçoit,
sauf si c'est un grand jour de jeûne
qu'il faut à tout prix respecter.

11 Quant aux frères,
ils continuent à jeûner comme d'habitude.

12 L'abbé* verse de l'eau sur les mains des hôtes.

13 Avec toute la communauté*,
l'abbé lave les pieds de tous les hôtes.

14 Après le lavement des pieds, on dit ce verset :
« Dieu, nous avons reçu ta tendresse*
dans ta sainte maison » *(Psaume 47, 10)*.

15 On reçoit les pauvres et les étrangers
avec le plus grand soin et la plus grande attention.
En effet, c'est surtout à travers eux
qu'on reçoit le Christ.
Les riches, on les craint, alors on les respecte toujours.

16 La cuisine de l'abbé et des hôtes sera à part.
En effet, les hôtes arrivent n'importe quand,
et, au monastère*, il y en a toujours.
Ainsi, ils ne dérangeront pas les frères.

17 Dans cette cuisine, on nomme pour l'année
deux frères capables de bien faire ce travail.

18 Quand ils ont besoin d'aides, on leur en donne,
pour qu'ils servent* sans murmurer*.
Au contraire, quand ils ont moins d'occupations,
ils vont travailler* là où on leur commande d'aller.

19 On agit de cette façon non seulement avec eux,
mais aussi dans tous les services du monastère.

20 Quand les frères ont besoin d'aides, on leur en donne.
Quand ils n'ont rien à faire,
ils obéissent* en faisant ce qu'on leur commande.

21 Quant au logement des hôtes,
on en charge un frère qui respecte* Dieu avec confiance.

22 Là, il y aura des lits garnis, en quantité suffisante.
Et ce sont des gens sages
qui gouverneront la maison de Dieu avec sagesse.

23 Aucun frère ne va trouver les hôtes ou parler avec eux,
quand il n'en a pas reçu l'ordre.

24 Mais s'il les rencontre ou s'il les voit,
il les salue humblement, comme nous l'avons dit,
et il demande une bénédiction*.
Puis il continue son chemin
en disant qu'il n'a pas la permission de parler aux hôtes.

54. EST-CE QU'UN MOINE PEUT RECEVOIR DES LETTRES ET DES CADEAUX ?

1 Sans la permission de l'abbé*,
un moine* ne doit absolument rien recevoir
de ses parents,

de quelqu'un du dehors ou d'un autre moine :
ni lettres, ni objets bénits,
ni aucun autre petit cadeau.
Il ne doit rien donner non plus.

2 Si ses parents lui envoient quelque chose,
il ne prend pas la liberté de l'accepter
avant d'en parler à l'abbé.

3 Et si l'abbé permet d'accepter ce cadeau,
c'est encore à lui, l'abbé,
de donner l'objet à qui il veut.

4 Et le frère à qui on l'a envoyé
ne sera pas triste à cause de cela.
Ainsi, il ne donne pas à l'esprit* mauvais
l'occasion de le faire tomber.

5 Si un moine prend la liberté de faire autrement,
on le punira selon la Règle*.

55. LES VÊTEMENTS ET LES CHAUSSURES DES FRÈRES

1 Les vêtements qu'on donne aux frères sont différents
selon l'endroit où ils habitent et selon le climat.

2 En effet, dans les régions froides,
il faut plus de vêtements ;
dans les régions chaudes, il en faut moins.

3 C'est l'abbé* qui jugera de cela.

4 Pourtant,
nous croyons que dans les régions tempérées

une coule[57] et une tunique
suffisent pour chaque moine*,

5-6 avec un scapulaire pour le travail.
Pendant l'hiver, la coule est en tissu épais.
Pendant l'été, c'est une coule légère ou usée.
Pour se couvrir les pieds,
les moines ont des chaussettes et des chaussures.

7 Ils ne doivent pas se plaindre
de la couleur et de l'épaisseur de ces vêtements.
Mais ils prennent ce qu'on peut trouver
dans le pays où ils vivent,
ou ce qu'on peut acheter de moins cher.

8 L'abbé fait attention à la mesure des habits.
Ils ne seront pas trop courts, mais à la taille de chacun.

9 Quand les frères reçoivent des vêtements neufs,
ils rendent toujours aussitôt leurs vieux habits.
On les garde au vestiaire[58] pour les pauvres.

10 En effet, pour un moine,
deux tuniques et deux coules suffisent
pour en changer la nuit et pour les laver.

11 Les vêtements en plus sont inutiles
et il faut les supprimer.

12 Les frères rendent aussi les chaussettes
et tout ce qui est usé,
quand ils reçoivent des affaires neuves.

13 Les frères qu'on envoie en voyage
reçoivent des caleçons qu'on prend au vestiaire.
À leur retour, ils les lavent et ils les rendent.

57. La coule est le vêtement à capuchon porté par certains religieux.
58. Le vestiaire est l'endroit où l'on range les vêtements.

14 Pour ceux qui voyagent,
les coules et les tuniques sont un peu meilleures
que celles qu'ils ont d'habitude.
Ils les reçoivent du vestiaire quand ils partent
et ils les rendent au retour.

15 Pour le lit, une paillasse, un drap épais,
une couverture de laine et un oreiller suffisent.

16 L'abbé doit inspecter souvent ces lits
pour voir s'il n'y a pas un objet
qu'un frère a pris pour lui.

17 Si on trouve chez un frère un objet
qu'il n'a pas reçu de l'abbé,
on le punira très sévèrement.

18 Pour arracher jusqu'à la racine
cette tendance mauvaise à posséder égoïstement,
l'abbé donnera tout ce qu'il faut,

19 c'est-à-dire : coule, tunique, chaussettes, chaussures,
ceinture, couteau, crayon, aiguille, mouchoirs, cahiers[59].
Alors les frères n'ont pas l'excuse
de manquer de quelque chose.

20 Pourtant l'abbé fait toujours attention
à cette parole des Actes des Apôtres :
« On donnait à chacun selon ses besoins » *(Actes 4, 35)*.

21 C'est pourquoi il tient compte
des infirmités des faibles*.
Mais il ne tient pas compte de la mauvaise volonté
de ceux qui sont jaloux.

22 Et, dans toutes ses décisions,
l'abbé pensera qu'il devra rendre des comptes à Dieu.

---

59. Voir le chapitre 33, verset 3 : page 84, note 46.

56. LES REPAS DE L'ABBÉ

1 L'abbé* prend tous ses repas
avec les hôtes* et les étrangers.

2 Mais quand il y a moins d'hôtes,
il peut inviter à sa table les frères qu'il veut.

3 Pourtant, il laissera toujours un ou deux anciens*
avec les frères
pour maintenir le bon ordre.

57. LES ARTISANS DU MONASTÈRE

1 Quand il y a des artisans au monastère*,
ils feront leur métier avec beaucoup d'humilité*,
et si l'abbé* le leur permet.

2 Mais il peut arriver ceci :
un frère artisan se croit grand
parce qu'il fait bien son métier.
Il pense qu'il rapporte quelque chose au monastère.

3 Alors on lui enlèvera ce travail.
Et il ne s'en occupe plus, sauf s'il devient humble
et si, à cause de cela,
l'abbé lui donne l'ordre de reprendre son métier.

4 Quand on vend un objet fabriqué par les artisans,
cet objet passe par les mains de plusieurs personnes[60].
Elles feront attention
à ne se permettre aucune malhonnêteté,

60. Au temps de saint Benoît, les moines font vendre par des laïcs les objets qu'ils fabriquent.

5 elles se rappelleront toujours
l'histoire d'Ananie et de Saphire[61].
Ceux-là, ils ont subi la mort dans leur corps*.

6 Mais ces personnes et tous ceux qui sont malhonnêtes
avec les biens du monastère
auront peur de souffrir la mort dans leur cœur.

7 Pour fixer les prix,
on ne se laissera pas gagner par la passion de l'avarice.

8 On vendra les objets toujours un peu moins cher
que les autres artisans,

9 « pour qu'en tout on rende gloire à Dieu » *(1 Pierre 4, 11)*.

58. COMMENT RECEVOIR LES NOUVEAUX FRÈRES

1 Quand quelqu'un arrive pour mener la vie religieuse,
on ne le laisse pas facilement entrer.

2 Mais on suit le conseil de l'apôtre Jean :
« Cherchez à savoir si l'esprit qu'ils ont vient de Dieu »
(1 Jean 4, 1).

3 Pourtant, celui qui arrive continue à frapper à la porte.
Après quatre ou cinq jours,
on voit qu'il supporte avec patience* le mauvais accueil
et les difficultés qu'on lui fait.
Et il demande toujours à entrer au monastère*.

4 Alors on lui permet d'entrer,
et il reste dans la maison des hôtes*
pendant quelques jours.

61. Voir Actes 5, 1-11.

5 Ensuite, il va dans la maison des novices*,
là où ils méditent*, mangent et dorment.

6 On leur donne un frère ancien*,
capable de les entraîner vers Dieu.
Ce frère s'occupe d'eux avec le plus grand soin.

7 Il regarde attentivement le nouveau venu.
Est-ce qu'il cherche vraiment Dieu ?
Est-ce qu'il s'applique avec ardeur au Service* de Dieu,
à l'obéissance*,
aux épreuves qui rendent humble ?

8 On lui parle à l'avance
de toutes les choses dures et pénibles
par lesquelles on va à Dieu.

9 Si le nouveau venu promet de tenir bon
et de rester au monastère,
au bout de deux mois on lui lit cette Règle* en entier.

10 Et on lui dit : « Voici la loi sous laquelle tu veux servir.
Si tu peux la pratiquer, entre.
Mais si tu ne peux pas, tu es libre, tu peux partir ! »

11 S'il reste encore,
on le conduit dans la maison des novices
indiquée plus haut
et, avec beaucoup de patience,
on recommence à l'éprouver.

12 Au bout de six mois, on lui lit encore la Règle,
afin qu'il comprenne à quoi il s'engage.

13 S'il reste encore,
on lui relit cette même Règle quatre mois plus tard.

14 Quand il a réfléchi longuement en lui-même,
s'il promet de tout garder et de pratiquer

ce qu'on lui commande,
on le reçoit dans la communauté*.

15 Maintenant, il le sait :
à partir de ce jour,
la loi de la Règle lui interdit de sortir du monastère

16 et de se décharger du poids de cette Règle.
En effet, après une si longue réflexion,
il pouvait refuser ou accepter ce poids.

17 Celui qu'on va recevoir parmi les frères
promet devant tous, dans l'oratoire*,
de rester toujours dans la communauté[62],
de vivre maintenant en moine,
et d'obéir.

18 Il fait cette promesse* devant Dieu et devant les saints.
Alors, s'il lui arrive de se conduire autrement,
il doit le savoir :
le Dieu dont il se moque le condamnera *(Galates 6, 7)*.

19 Il fait sa promesse par écrit
au nom des saints qui ont leurs reliques[63] à cet endroit,
et au nom de l'abbé* présent.

20 Cette promesse, il l'écrit lui-même de sa main.
S'il est illettré,
il demande à un autre de l'écrire pour lui.
Le novice trace un signe sur sa promesse
et il la met lui-même sur l'autel

21 Après cela, le novice commence tout de suite
ce verset du psaume :

---

62. Voir le chapitre 4, verset 78 : page 42, note 7.
63. Les reliques sont des parties du corps d'un martyr ou d'un saint, ou bien un objet qu'il a possédé.

« Accueille-moi, Seigneur, selon ta parole, et je vivrai.
Ne décourage pas mon attente » *(Psaume 118, 116)*.

22 Toute la communauté continue trois fois ce verset,
et elle ajoute le « Gloire au Père ».

23 Alors le frère novice
se prosterne aux pieds de chaque moine
afin qu'on prie* pour lui.
À partir de ce jour-là,
il fait vraiment partie de la communauté.

24 Quand ce frère a des biens,
il les distribue aux pauvres avant de s'engager,
ou bien il en fait cadeau au monastère
par une donation solennelle.
Il ne se réserve rien du tout pour lui.

25 En effet, il le sait :
à partir de ce jour,
il n'a même plus de pouvoir sur son corps*.

26 Aussitôt donc, dans l'oratoire,
on lui enlève les vêtements personnels qu'il porte
et on lui donne les habits du monastère.

27 Les vêtements qu'on lui a enlevés,
on les met au vestiaire pour les garder.

28 Alors si, un jour,
poussé par les conseils de l'esprit* mauvais,
il décide de quitter le monastère – espérons que non ! –,
on lui enlève les habits du monastère
avant de le mettre dehors.

29 Mais la promesse écrite que l'abbé a prise sur l'autel,
ce frère ne la reprend pas.
On la gardera au monastère.

59. COMMENT ON OFFRE À DIEU LES FILS DES NOTABLES ET DES PAUVRES

1 Il peut arriver qu'un notable offre son fils à Dieu
en le donnant au monastère*.
Quand c'est un enfant très jeune,
ses parents écrivent la promesse* à sa place.
On a parlé de cette promesse plus haut[64].

2 Ils enveloppent tout ensemble, dans la nappe de l'autel :
la promesse écrite et la main de l'enfant
avec l'offrande du pain et du vin.
C'est ainsi qu'ils offrent leur enfant à Dieu.

3 Pour les biens que les parents possèdent,
dans la promesse écrite,
ils font le serment
de ne jamais donner quelque chose à l'enfant.
Ils promettent aussi de ne jamais lui fournir l'occasion
de posséder quelque chose plus tard :
que cela vienne d'eux-mêmes,
ou d'une personne nommée par eux,
ou de n'importe quelle autre façon.

4 Ou bien, si les parents ne veulent pas faire cela,
et s'ils veulent offrir une aumône au monastère
pour obtenir de Dieu une récompense,

5 ils donnent, par écrit, au monastère
les biens qu'ils veulent offrir.
Mais, pendant leur vie,
ils peuvent garder pour eux l'usage de ces biens,
s'ils le veulent.

---

64. Voir le chapitre 58.

6 Ainsi, on ferme tous les chemins,
et l'enfant n'a plus à attendre aucun bien pour lui.
En effet, cette attente peut seulement le tromper
et le conduire à la mort.
– Voilà ce que l'expérience nous a appris. –
Espérons que cela n'arrivera pas !

7 Ceux qui sont plus pauvres feront la même chose.

8 Et ceux qui n'ont rien du tout
écrivent seulement la promesse
et ils offrent l'enfant avec l'offrande du pain et du vin,
devant des témoins.

60. LES PRÊTRES QUI VOUDRAIENT HABITER AU MONASTÈRE

1 Quand un prêtre demande à être reçu au monastère*,
on ne lui dit pas « oui » trop vite.

2 Pourtant, s'il continue à insister dans cette demande,
il doit savoir ceci :
il devra pratiquer tout ce que la Règle* exige.

3 On ne rendra pas la Règle plus facile pour lui.
Alors on pourra lui dire, comme c'est écrit dans la Bible :
« Mon ami, pourquoi es-tu venu ? » *(Matthieu 26, 50)*.

4 Pourtant, on lui permet de prendre place après l'abbé*,
de donner les bénédictions*
et de célébrer l'Eucharistie,
à condition que l'abbé le lui ordonne.

5 Sinon, ce prêtre ne se permettra absolument rien.
En effet, il le sait,
il est soumis aux punitions prévues par la Règle.

Il donnera plutôt des exemples d'humilité*
à tous les frères.

6 Au monastère,
quand il faut choisir un frère pour une charge
ou discuter d'autres affaires,

7 le frère prêtre considère que son rang
est celui de son entrée au monastère,
et non celui qu'on lui a donné par respect
parce qu'il est prêtre.

8 Et quand un clerc[65], poussé par le même désir,
veut faire partie du monastère,
on le met parmi les frères, à un rang moyen.

9 Lui aussi, il promettra* de pratiquer la Règle
et de rester au monastère pour toujours[66].

61. COMMENT RECEVOIR LES MOINES ÉTRANGERS

1 Un moine* étranger arrive de très loin.
Il veut rester au monastère* comme un hôte*.

2 S'il se contente des coutumes qu'il trouve à cet endroit,
s'il ne trouble pas le monastère
en demandant trop de choses,

3 et s'il est content tout simplement de ce qu'il trouve,
on le reçoit aussi longtemps qu'il veut.

---

65. Un clerc est un homme consacré au service de l'Église, même s'il n'est pas prêtre.

66. Voir le chapitre 4, verset 78 : page 42, note 7.

4 S'il reproche quelque chose ou s'il fait des remarques
de façon raisonnable
et avec un amour plein d'humilité*,
l'abbé* réfléchit avec prudence* :
est-ce que le Seigneur ne l'a pas envoyé
exprès pour cela ?

5 Ensuite, s'il veut rester pour toujours
dans la communauté,
on ne s'opposera pas à cette demande.
En effet, pendant son séjour dans la maison des hôtes,
on a pu voir sa façon de vivre.

6 Mais si, pendant ce temps, il s'est montré exigeant,
ou si sa conduite a été mauvaise,
on ne doit pas l'unir au corps du monastère.

7 On lui dira plutôt, mais poliment, de s'en aller,
pour que sa mauvaise conduite
ne fasse pas de mal aux autres.

8 Au contraire,
quand il ne mérite pas qu'on le mette dehors,
on le reçoit s'il le demande ;

9 ou mieux, on lui conseille fortement de rester
et on le fait entrer dans la communauté,
pour que les autres apprennent
quelque chose par son exemple.

10 En effet, partout on sert* le même Seigneur,
on combat* sous les ordres du même Roi.

11 Et même, quand l'abbé voit que ce moine le mérite,
il peut le mettre à un rang un peu plus élevé
que celui de son entrée.

12 Et l'abbé peut faire cela non seulement pour un moine,
mais aussi pour un prêtre ou pour un clerc,

s'il juge que leur conduite le mérite.
Nous l'avons déjà dit plus haut[67].

13 Pourtant, l'abbé fera bien attention :
il ne gardera jamais longtemps
un moine d'un autre monastère connu,
sans l'accord de son abbé
ou sans une lettre de recommandation.

14 Car la Bible dit :
« Ne fais pas aux autres
le mal que tu ne veux pas pour toi » *(Tobie 4, 15)*.

62. LES PRÊTRES DU MONASTÈRE

1 Quand un abbé* demande
qu'on ordonne un prêtre ou un diacre
pour son monastère*,
il choisit parmi ses moines*
un frère digne de remplir les fonctions de prêtre.

2 Celui qui devient prêtre ou diacre
fera bien attention à ne pas se croire grand
et à ne pas devenir orgueilleux.

3 Il ne se permettra pas de faire quelque chose
en dehors de ce que l'abbé lui commande.
En effet, il le sait,
il sera soumis encore davantage
aux punitions prévues par la Règle*.

67. Voir le chapitre 60.

4 Ce n'est pas parce qu'il est prêtre
qu'il a le droit d'oublier l'obéissance* à la Règle
et à ses exigences.
Mais il doit progresser vers Dieu de plus en plus.

5 Il considérera toujours que son rang
est celui de son entrée au monastère.

6 Mais il y a deux exceptions :
quand il célèbre l'Eucharistie,
et si le choix de la communauté*
et la volonté de l'abbé
décident de le placer plus haut
parce que sa conduite le mérite.

7 Malgré tout, ce frère prêtre doit le savoir :
il pratiquera la règle établie pour les doyens[68]
et pour les seconds du monastère[69].

8 S'il se permet d'agir autrement,
on le jugera non pas comme un prêtre,
mais comme un moine rebelle.

9 Si on l'a averti souvent et s'il ne change pas,
alors on prendra l'évêque lui-même comme témoin.

10 Si, malgré tout, il ne se corrige* pas,
puisque tout le monde connaît ses fautes,
on le mettra à la porte du monastère.

11 Mais pour qu'on arrive à cela,
il faut qu'il soit vraiment têtu
et qu'il refuse de se soumettre et d'obéir à la Règle.

---

68. Voir le chapitre 21.
69. Voir le chapitre 65.

63. LES RANGS DANS LA COMMUNAUTÉ

1 Au monastère*,
les frères garderont le rang
de leur entrée dans la vie religieuse,
ou bien celui qu'ils ont reçu
à cause du mérite de leur vie
et par une décision de l'abbé*.

2 Mais l'abbé ne troublera pas le troupeau
que Dieu lui a confié.
Il ne prendra pas de décisions injustes,
comme s'il était libre de faire tout ce qu'il veut.

3 Il pensera toujours qu'il devra rendre compte à Dieu
de toutes ses décisions et de toutes ses actions*.

4 Ainsi, pour recevoir la paix*, pour communier,
pour dire les psaumes en public,
pour se tenir au chœur,
les frères garderont la place que l'abbé a décidée,
ou bien leur rang d'entrée au monastère.

5 On ne fera jamais attention à l'âge
pour donner les rangs,
ou pour juger la valeur de quelqu'un.

6 En effet, Samuel et Daniel étaient des enfants
et ils ont jugé des anciens[70].

7 C'est pourquoi tous les frères auront le rang
de leur entrée au monastère,
sauf ceux que l'abbé a fait monter plus haut
pour de justes motifs,

70. Voir 1 Samuel 3, 10-18 ; Daniel 13, 45-59.

ou bien ceux qu'il a fait descendre
pour de bonnes raisons,
comme nous l'avons dit.

8 Par exemple, un frère est entré au monastère
vers 7 heures du matin.
Un autre, plus âgé et plus important,
est arrivé vers 8 heures.
Pourtant,
celui-ci se reconnaîtra plus jeune que le premier.

9 Les enfants, eux,
seront toujours placés sous l'autorité de tous,
pour les maintenir dans le bon ordre.

10 Les jeunes respectent leurs aînés*
les aînés aiment leurs frères plus jeunes.

11 Aucun frère n'a le droit d'appeler un autre frère
par son nom seul.

12 Les aînés appellent les jeunes : « frères ».
Les jeunes appellent leurs aînés : « pères »,
pour montrer leur respect.

13 Au regard de la foi*, l'abbé tient la place du Christ*.
C'est pourquoi on l'appelle « Seigneur » et « Abbé ».
Ce n'est pas lui qui prend ces noms,
mais on l'appelle ainsi
à cause de l'honneur et de l'amour dus au Christ.

14 De son côté, l'abbé réfléchit à tout cela
et il se conduit de façon à mériter un si grand honneur.

15 Chaque fois que les frères se rencontrent,
le plus jeune demande à l'aîné de le bénir*.

16 Quand un frère de rang plus élevé passe,
le frère moins ancien se lève, prêt à lui offrir son siège.

Le jeune frère ne se permet pas de s'asseoir
avant que l'aîné ne l'invite à le faire.

17 Il agit ainsi pour pratiquer la parole de la Bible :
« Que chacun soit le premier
à montrer du respect à son frère » *(Romains 12, 10)*.

18 À l'oratoire* et au réfectoire,
les jeunes enfants et les adolescents
gardent leur rang en bon ordre.

19 Mais à l'extérieur et partout,
on veillera sur eux et on les maintiendra dans l'ordre
jusqu'au moment
où ils auront l'âge d'agir raisonnablement.

64. COMMENT ÉTABLIR L'ABBÉ

1 On donne la charge d'abbé*
à celui que toute la communauté*,
animée d'un respect* confiant envers Dieu,
a choisi d'un commun accord.
Ou bien on la donne
à celui qu'un petit nombre de moines seulement
a choisi,
mais avec un jugement plus sage.

2 Celui qu'on va établir comme abbé,
on le choisira à cause du mérite de sa vie
et de la sagesse de son enseignement,
même s'il est au dernier rang de la communauté.

3 Voici ce qui peut se passer,
mais espérons que cela n'arrivera pas !
Une communauté se conduit très mal,

et tous les moines sont d'accord
pour choisir un frère
qui approuve leurs penchants mauvais.

4 Quand l'évêque du diocèse où ce monastère se trouve,
quand les abbés des monastères voisins
ou quand les chrétiens des environs
apprennent ce grand mal,

5 ils feront échouer le complot des mauvais moines.
Et ils établiront à la tête de la maison de Dieu
quelqu'un qui en soit digne.

6 Oui, ils le savent :
ils recevront une bonne récompense
s'ils font cela avec une intention pure
et un ardent amour de Dieu.
Au contraire, s'ils sont négligents* pour le faire,
ils commettent un péché.

7 Celui qu'on a établi comme abbé
pensera toujours à la charge qui pèse sur lui.
Il pensera aussi
que c'est à Dieu qu'il devra rendre compte
de sa gestion *(Luc 16, 2)*.

8 L'abbé sait également qu'il doit être serviteur
plutôt que maître[71].

9 Il faut donc qu'il connaisse très bien la loi de Dieu,
pour savoir et pour trouver dans son cœur
où puiser les paroles nouvelles et anciennes[72].
L'abbé doit mener une vie pure,
être sobre, bienveillant*.

---

71. Saint Augustin, *Sermon* 340, 1.
72. Voir Matthieu 13, 52.

10 Il fait toujours passer la tendresse* avant la justice
(Jacques 2, 13),
pour que Dieu le traite de la même façon[73].

11 Il déteste les penchants mauvais, mais il aime les frères.

12 Quand il corrige les autres, il est prudent*.
Il n'exagère rien,
sinon, en grattant trop la rouille, il va trouer le plat.

13 Il n'oublie jamais qu'il est fragile, lui aussi.
Il se rappelle qu'il ne faut pas écraser
le roseau déjà fendu *(Matthieu 12, 20)*.

14 Mais nous ne voulons pas dire
que l'abbé permette aux penchants mauvais
de se développer.
Non ! Il les détruira, mais avec prudence et amour,
selon ce qu'il juge bon pour chaque frère,
comme nous l'avons déjà dit[74].

15 L'abbé cherchera à être aimé par les frères
plutôt qu'à être craint.

16 Il n'est pas agité, il n'est pas inquiet.
Il n'exagère pas les choses, il n'est pas têtu.
Il n'est pas jaloux et il sait faire confiance aux frères.
Sinon, il ne connaîtra jamais le repos.

17 Quand il commande, il prévoit et il réfléchit.
Quand il donne des ordres au sujet des choses de Dieu
ou des affaires de ce monde,
il décide avec mesure*.

---

73. Voir Matthieu 5, 7.
74. Voir le chapitre 2.

18 Il pense à la conduite pleine de prudence
de saint Jacob qui disait :
« Si je fatigue mes troupeaux en les faisant trop marcher,
ils vont tous mourir en un seul jour » *(Genèse 33, 13)*.

19 L'abbé imite cet exemple
et d'autres exemples de prudence.
En effet, la prudence est la mère des vertus.
C'est pourquoi l'abbé commande tout avec mesure.
Alors les forts veulent en faire plus,
et les faibles* ne se découragent pas.

20 Avant tout, l'abbé doit maintenir cette Règle*
en tous ses points.

21 Alors, s'il a bien fait son service*,
il entendra le Seigneur
lui adresser la parole dite au bon serviteur
qui a distribué la nourriture à ses compagnons
quand il était à leur tête :
« Oui, je vous le dis,
le Maître lui confiera tous ses biens » *(Matthieu 24, 47)*.

65. LE SECOND DU MONASTÈRE

1 Assez souvent,
de graves conflits naissent dans les monastères*
quand on établit un second.

2 Certains seconds, gonflés d'un mauvais esprit d'orgueil,
s'imaginent qu'ils sont abbés*, eux aussi.
Ils se donnent tous les pouvoirs !
Ils entretiennent les conflits
et divisent les communautés*.

3 Cela se passe surtout dans les monastères
où c'est le même évêque et les mêmes abbés
qui établissent et l'abbé et le second.

4 On voit facilement que cette façon de faire
va contre tout bon sens.
En effet, dès le début,
en établissant le second dans sa charge,
on lui donne l'occasion de devenir orgueilleux.

5 Ses pensées* lui disent qu'il ne dépend plus
de l'autorité de son abbé.

6 Elles lui répètent :
« Ce sont les mêmes personnes qui t'ont établi,
toi et l'abbé. »

7 Et les résultats sont :
envies, disputes, paroles contre les autres, jalousies,
divisions et désordres graves.

8 Alors l'abbé et le second s'opposent l'un à l'autre.
Tant que cette division existe,
eux-mêmes sont forcément en danger,

9 et les frères qui sont sous leur autorité
vont à leur perte,
parce que l'abbé et le second
cherchent à plaire à ceux de leur parti.

10 Ceux qui ont fait naître un si grand désordre,
sont les premiers responsables de ce grave malheur.

11 C'est pourquoi, voici notre avis :
pour garder la paix* et l'amour*,
l'abbé doit organiser lui-même son monastère
comme il le juge bon.

12 Dans la mesure du possible,

ce sont les doyens*
qui dirigent tous les services du monastère
en suivant les ordres de l'abbé.
Nous avons déjà réglé cela plus haut[75].

13 Ainsi, comme il y a plusieurs responsables,
un seul ne peut pas en tirer de l'orgueil.

14 Mais il peut arriver que la situation exige un second,
ou bien que la communauté en demande un,
avec raison et humilité*,
et que l'abbé juge cela utile.

15 Alors il choisit le frère qu'il veut,
avec le conseil des frères
qui respectent* Dieu avec confiance,
et c'est lui-même qui le nomme second.

16 Le second, lui,
fait avec respect ce que son abbé lui commande.
Il ne fait rien contre la volonté
ou contre les ordres de l'abbé.

17 En effet, plus il est placé au-dessus des autres,
plus il doit pratiquer avec soin
les commandements de la Règle*.

18 Mais si le second se montre mauvais,
ou s'il se laisse tromper par l'orgueil et devient fier,
ou encore si on constate chez lui
du mépris pour la sainte Règle,
on l'avertira en paroles jusqu'à quatre fois.

19 S'il ne se corrige* pas,
on le punira comme la Règle le demande[76].

---

75. Voir le chapitre 21.
76. Voir le chapitre 21, verset 7.

20 Si malgré cela, il ne change pas,
on lui enlèvera sa charge de second
et on mettra à sa place un frère
qui a les qualités nécessaires.

21 Ensuite, s'il ne se tient pas tranquille
et s'il n'obéit* pas dans la communauté,
on le chassera du monastère.

22 Mais l'abbé pensera qu'il rendra compte à Dieu
de toutes ses décisions.
Sinon, le feu de l'envie et de la jalousie
risque de brûler son cœur.

66. LES PORTIERS DU MONASTÈRE

1 À la porte du monastère*, on met un ancien*,
un homme sage.
Il doit être capable de recevoir un message
et de donner une réponse.
Son expérience l'empêche d'aller se promener
un peu partout.

2 Le portier doit avoir sa cellule* près de la porte.
Alors ceux qui arrivent
trouvent toujours quelqu'un pour leur répondre.

3 Dès qu'une personne frappe
ou dès qu'un pauvre appelle,
le portier dit :
« Rendons grâce à Dieu » ou bien « Bénissez*-moi ».

4 Et, avec toute la douceur
que donne un respect* confiant envers Dieu,
il répond vite, avec un cœur brûlant de charité.

5 Si le portier a besoin d'aide,
on lui donne un frère plus jeune.

6 Si cela est possible,
on doit construire le monastère
de telle sorte qu'on y trouve tout le nécessaire,
c'est-à-dire : de l'eau, un moulin, un jardin
et différents ateliers.
Alors tout se fait à l'intérieur du monastère.

7 Ainsi les moines* n'ont pas besoin
de circuler un peu partout au dehors,
ce qui ne vaut rien du tout pour eux.

8 Nous voulons qu'on lise souvent cette Règle*
en communauté*.
Alors aucun frère ne pourra s'excuser en disant :
« Je ne la connaissais pas. »

67. LES FRÈRES QU'ON ENVOIE EN VOYAGE

1 Les frères qui doivent partir en voyage
demandent pour eux
la prière* de tous les frères et de l'abbé*.

2 Et, à la dernière oraison du Service* de Dieu,
on priera toujours pour tous les absents.

3 Quand les frères reviennent de voyage,
le jour même de leur retour,
à toutes les Heures, à la fin du Service de Dieu,
ils se prosternent à terre dans l'oratoire*.

4 Et ils demandent à tous de prier
à cause des fautes commises pendant le voyage.

En effet, ils ont peut-être regardé quelque chose de mal,
ils ont peut-être écouté des paroles mauvaises
ou inutiles.

5 Que personne ne se permette
de redire à un autre frère
ce qu'il a vu ou entendu en dehors du monastère*,
parce que cela peut faire beaucoup de mal.

6 Si quelqu'un se permet de faire cela,
on le punira selon la Règle*.

7 Si un frère, sans un ordre de l'abbé,
ose sortir de la clôture du monastère,
aller n'importe où,
faire quelque chose même de peu d'importance,
on le punira de la même façon.

68. SI ON COMMANDE À UN FRÈRE DES CHOSES IMPOSSIBLES

1 Voici ce qui peut arriver :
on commande à un frère
des choses difficiles ou impossibles.
Il acceptera l'ordre donné avec grande douceur
et en désirant obéir*.

2 S'il voit que le poids de la charge
dépasse tout à fait la mesure de ses forces,
il dira à son supérieur pourquoi il ne peut pas le faire.
Il présentera ses raisons avec patience*
et au bon moment,

3 sans se montrer orgueilleux,
sans résister, sans s'opposer.

4 Si, après ces remarques,
le supérieur continue à commander les mêmes choses,
alors le frère doit le savoir :
il est bon pour lui de faire la chose qu'on lui ordonne.

5 Et, par amour*, confiant dans l'aide de Dieu,
il obéira.

69. AU MONASTÈRE, AUCUN FRÈRE NE SE PERMETTRA DE PRENDRE LA DÉFENSE D'UN AUTRE

1 Faisons bien attention à ceci :
au monastère*, personne ne se permettra,
en aucun cas,
de prendre la défense d'un autre moine*
ou de faire comme s'il était son protecteur,

2 même s'il est de sa famille,
de façon plus ou moins proche.

3 Les moines ne se permettront jamais
d'agir de cette manière.
En effet, cela peut faire naître des conflits très graves.

4 Si quelqu'un ne tient pas compte de cette défense,
on le punira très sévèrement.

70. PERSONNE NE SE PERMETTRA DE FRAPPER UN FRÈRE À TORT ET À TRAVERS

1 Au monastère*, on évitera toute occasion d'orgueil.

2 C'est pourquoi, voici ce que nous décidons :
personne n'a le droit de mettre un frère à l'écart*
ou de le frapper,
si l'abbé* ne lui a pas donné ce pouvoir.

3 On fera des reproches aux coupables devant tous,
afin que les autres en éprouvent de la crainte
(1 Timothée 5, 20).

4 Quant aux enfants jusqu'à l'âge de 15 ans,
tous les frères sont chargés de veiller sur eux
et de les maintenir dans le bon ordre.

5 Mais ils le feront avec mesure* et intelligence.

6 Si quelqu'un se permet de corriger les frères plus âgés,
sans ordre de l'abbé,
ou bien s'il corrige trop fort les enfants,
on le punira selon la Règle*.

7 En effet, la Bible dit :
« Ne fais pas aux autres le mal
que tu ne veux pas pour toi » *(Tobie 4, 15)*.

71. LES FRÈRES S'OBÉIRONT LES UNS AUX AUTRES

1 Obéir* est un bien.
C'est pourquoi tous les frères doivent obéir à l'abbé*.
Mais cela ne suffit pas.
Ils s'obéiront aussi les uns aux autres.

2 Qu'ils le sachent :
c'est par ce chemin de l'obéissance qu'ils iront à Dieu.

3 Donc, on obéit d'abord aux ordres de l'abbé
et des responsables qu'il a établis.
À ces ordres-là,

nous ne permettons pas
de préférer les ordres des autres frères.

4 Mais, pour le reste,
tous les frères plus jeunes obéiront à leurs aînés*
de tout leur cœur et avec amour*.

5 Si quelqu'un refuse d'obéir, on le punira.

6 Voici encore ce qui peut arriver :
l'abbé ou un autre supérieur[77]
fait un reproche à un frère,
pour une raison quelconque, même peu importante.

7 Ce frère se rend compte
que ce supérieur est un peu fâché contre lui,
ou un peu troublé, même très légèrement.

8 Alors, tout de suite et sans attendre,
il se jette aux pieds du supérieur
et il se prosterne à terre pour réparer* sa faute.
Il attend que l'émotion du supérieur se calme,
et que celui-ci lui donne une bénédiction*.

9 Si un frère refuse de faire cela,
on le punira dans son corps.
Et s'il continue à résister,
on le chassera du monastère*.

72. LE BON FEU QUI DOIT BRÛLER LE CŒUR DES MOINES[78]

1 Dans le cœur, il peut y avoir un feu mauvais et amer
qui sépare de Dieu et conduit loin* de lui pour toujours.

---

77. Voir le chapitre 5, versets 3-4 : page 43, note 8.

78. Saint Benoît donne pour titre à ce chapitre : « Le bon zèle que les moines doivent avoir. »

2 Il peut y avoir aussi un bon feu
qui sépare du mal
et conduit à Dieu et à la vie* avec lui pour toujours.

3 Ce feu-là,
les moines* le feront donc passer dans leurs actes
avec un très grand amour*.

4 Voici comment :
chacun voudra être le premier
pour montrer du respect à son frère.

5 Ils supporteront avec une très grande patience*
les faiblesses* des autres,
celles du corps* et celles du caractère.

6 Ils s'obéiront* mutuellement de tout leur cœur.

7 Personne ne cherchera son intérêt à lui,
mais plutôt celui des autres.

8 Ils auront entre eux un amour sans égoïsme,
comme les frères d'une même famille.

9 Ils respecteront* Dieu avec amour.

10 Ils auront pour leur abbé*
un amour humble* et sincère.

11 Ils ne préféreront absolument rien au Christ*.

12 Qu'il nous conduise tous ensemble
à la vie avec lui pour toujours !

73. CETTE RÈGLE NE CONTIENT PAS TOUT CE QU'IL FAUT FAIRE POUR MENER UNE VIE SAINTE

1 Voici pourquoi nous avons écrit cette Règle* :
en la pratiquant dans les monastères*,

nous montrons, au moins un petit peu,
que notre conduite est droite,
et que nous commençons à mener une vie religieuse.

2 Mais pour celui qui est pressé
de mener parfaitement cette vie,
il y a encore les enseignements des saints Pères*.
Si on les pratique,
ils conduisent au sommet de la vie parfaite.

3 En effet, dans l'Ancien et dans le Nouveau Testament,
est-ce que chaque page,
chaque parole qui vient de Dieu lui-même,
n'est pas une règle très sûre
pour guider la vie des hommes ?

4 Il y a aussi tous les livres des saints Pères catholiques[79] :
est-ce qu'ils ne parlent pas clairement
de ce que nous devons faire
pour courir* tout droit vers notre Créateur ?

5 Puis nous avons les Conférences des Pères*,
leurs Institutions, leurs Vies,
et aussi la Règle de notre saint Père Basile[80].

6 Est-ce que, dans ces livres,
on ne trouve pas les outils spirituels
pour des moines* obéissants* et de sainte vie ?

7 Mais nous, qui manquons de courage,
qui vivons mal et qui sommes négligents*,
nous devons avoir honte.

---

79. Voir le chapitre 9, verset 8 : page 59, note 21.

80. Saint Basile a été moine, puis évêque de Césarée dans la Turquie actuelle (329-379).

8 Donc toi,
– c'est-à-dire tout homme
qui se presse vers la patrie du ciel –,
pratique jusqu'au bout, avec l'aide du Christ*,
cette toute petite Règle écrite pour des débutants.

9 Alors, avec la protection de Dieu,
tu parviendras à ces sommets plus élevés
d'enseignements et de vertus
que nous venons de rappeler.

Amen.

VOCABULAIRE[1]

Abbé : Supérieur d'un monastère et « père » des moines de ce monastère. **2** et **64**.

Actes, Actions (bonnes ou mauvaises) : **Prol.** 21-22. 35 ; **1**, 7 ; **2**, 1. 8. 21 ; **4**, 63 ; **5**, 9. 19 ; **7**, 6. 28. 32 ; **63**, 3.

Aîné : Moine qui est arrivé au monastère avant un autre. **63** ; **71**, 4.

Amour de Dieu : **4**, 1. 21. 72. 77 ; **5**, 10 ; **7**, 34. 67. 69 ; **63**, 19 ; **68**, 5 ; **72**, 3. 9.

Amour des frères : **Prol.** 47 ; **35**, 2. 6 ; **65**, 11 ; **71**, 4 ; **72**, 8.

Ancien : Moine sage, souvent âgé, qui a beaucoup d'expérience et qui peut aider les autres à marcher droit vers Dieu. **3**, 12 ; **4**, 50 ; **27**, 2 ; **46**, 5 ; **58**, 6 ; **66**, 1.
Ce mot peut désigner aussi un moine âgé. **4**, 70 ; **7**, 55 ; **22**, 3 ; **23**, 1 ; **48**, 17 ; **56**, 3.

Bénédiction : **4**, 32 ; **7**, 43 ; **9**, 5 ; **11**, 7 ; **17**, 10 ; **25**, 6 ; **35**, 17 ; **38**, 4.

Bénir : **44**, 10 ; **53**, 24 ; **60**, 4 ; **63**, 15 ; **66**, 3 ; **71**, 8.

Bienveillant : Cet adjectif traduit le mot **miséricordieux**. Voir **Tendresse**. **34**, 4 ; **37**, 1 ; **64**, 9.

Cellérier : Le cellérier du monastère est une sorte de gérant. Il doit être un vrai père pour la communauté. **31**.

Christ : **Prol.** 3. 28. 50 ; **2**, 2. 20 ; **4**, 10. 21. 50. 72 ; **5**, 2 ; **7**, 69 ; **36**, 1 ; **53**, 1. 7. 15 ; **63**, 13 ; **72**, 11 ; **73**, 8.

Cœur : **Prol.** 1. 10. 26. 28. 40. 49 ; **2**, 12 ; **3**, 8 ; **4**, 1. 24. 28. 50 ; **5**, 17-18 ; **7**, 3. 8. 14. 18. 44. 51. 62. 65 ; **20**, 3 ; **39**, 9 ; **49**, 4 ; **52**, 4.

Combattre : C'est lutter contre l'esprit du mal avec l'aide de l'Esprit Saint. **Prol.** 3. 40 ; **1**, 2. 5 ; **61**, 10.

---

1. Les chiffres en gras indiquent les numéros des chapitres de la Règle ; les chiffres en maigre indiquent le numéro des versets. Prol. indique le Prologue de la Règle.

Communauté : Les moines qui vivent ensemble dans un même monastère forment une communauté. **3**, 1 ; **4**, 78 ; **17**, 6 ; **20**, 5 ; **21**, 1 ; **23**, 4 ; **26**, 1 ; **28**, 1 ; **30**, 2 ; **31**, 1. 17 ; **35**, 4-5 ; **46**, 3 ; **53**, 13 ; **58**, 14. 22-23 ; **61**, 9 ; **62**, 6 ; **64**, 1-3 ; **65**, 2.14 ; **66**, 8.

Confiance : Voir **Respect confiant envers Dieu**.

Corps : **Prol.** 40. 43 ; **4**, 11 ; **7**, 9. 62 ; **33**, 4 ; **49**, 7 ; **58**, 25 ; **72**, 5.

Corriger (se) : **Prol.** 36 ; **2**, 40 ; **4**, 58 ; **5**, 19 ; **21**, 5 ; **23**, 4 ; **28**, 2 ; **29**, 1 ; **33**, 8 ; **43**, 7 ; **48**, 20 ; **62**, 10 ; **65**, 19.

Courir : Saint Benoît veut que le moine soit plein d'ardeur pour chercher Dieu et le servir. Pour cela, il ne doit jamais s'arrêter sur le chemin des commandements de Dieu. **Prol.** 13. 22. 44. 49 ; **73**, 4.

Disciple : Celui qui reçoit l'enseignement d'un maître. Au monastère, les moines sont disciples de l'abbé. **2**, 5-6. 11-13 ; **3**, 6 ; **5**, 9. 16-17 ; **6**, 3. 6. 8 ; **36**, 10.

Don de Dieu : Cette expression traduit le mot **grâce**. Ce don fait participer les êtres humains à la vie de Dieu et il les aide à marcher vers lui.

Doyen : Moine responsable de 10 frères. **21** ; **62**, 7 ; **65**, 12.

Écart (mise à l') : **23** à **28** ; **30**, 2-3 ; **44**, 1 ; **51**, 3 ; **70**, 2.

Écouter : **Prol.** 1. 9. 11-12. 24. 33 ; **4**, 55 ; **5**, 6. 15 ; **6**, 6 ; **38**, 12 ; **42**, 3 ; **47**, 3.

Espérance : **4**, 41. 74 ; **7**, 39.

Esprit du mal : C'est le chef des esprits mauvais. **Prol.** 28 ; **1**, 4 ; **43**, 8 ; **53**, 5 ; **54**, 4 ; **58**, 28.

Esprit Saint : **Prol.** 11 ; **7**, 70 ; **49**, 6.

Faible et malade : **4**, 16 ; **27**, 6. 9 ; **31**, 9 ; **34**, 2-4 ; **35**, 1-3 ; **36**, 7-10 ; **37**, 2 ; **39**, 1 ; **40**, 3 ; **48**, 9. 24-25 ; **55**, 21 ; **64**, 13. 19 ; **72**, 5.

Foi : **Prol.** 21. 49 ; **2**, 2 ; **63**, 13.

Gloire : C'est Dieu lui-même qui se révèle à nous dans sa puissance, sa lumière, sa beauté. Dieu appelle l'homme qui a fait le bien pendant sa vie à entrer dans sa gloire. **Prol.** 7 ; **5**, 3.

Hôte : Étranger qui arrive au monastère pour qu'on l'accueille. Saint Benoît demande de le recevoir comme le Christ. **53** ; **56**.

Humble - Humilité : Celui qui est petit devant Dieu et devant les autres. Il reconnaît qu'il reçoit tout de Dieu. Il reconnaît aussi son péché. Mais il ne doute jamais du pardon de Dieu et il le reçoit avec un cœur de pauvre. L'humilité est la qualité de celui qui est humble. **2**, 21 ; **3**, 4 ; **5**, 1 ; **6**, 7 ; **7** ; **20**, 1 ; **27**, 3 ; **29**, 2 ; **31**, 7 ; **45**, 1 ; **47**, 4 ; **53**, 6 ; **57**, 1 ; **60**, 5 ; **61**, 4 ; **65**, 14 ; **72**, 10.

Jeûner : Le disciple de Jésus se prive de nourriture et de boisson pour se tourner davantage vers le Seigneur. Par le jeûne, il devient maître de son corps, de ses désirs mauvais et il ouvre son cœur à Dieu. **4**, 13 ; **30**, 3 ; **38**, 10 ; **41**, 2 ; **42**, 2. 5 ; **53**, 10-11.

Lecture - Lire : Les moines lisent chaque jour la Bible, qui est la Parole de Dieu, ou un livre qui les aide à aimer Dieu. C'est la **lecture**. En latin : ***lectio divina***. **4**, 55 ; **42**, 5 ; **48** ; **49**, 4.

Dans l'Office, les lectures sont soit une partie de la Bible, soit les explications que les Pères catholiques en ont données (voir page 59, note 21). **8** à **14** ; **17**.

Loin de Dieu : Ces mots traduisent ce que la Bible et la Règle appellent l'enfer. **Prol.** 42 ; **4**, 45 ; **5**, 3 ; **7**, 11. 21. 69 ; **72**, 1.

Méditer : Apprendre par cœur la Parole de Dieu, surtout les psaumes, et redire cette Parole dans son cœur. **8**, 3 ; **48**, 23 ; **58**, 5.

Mesure : Agir avec mesure, c'est agir avec sagesse. **31**, 12 ; **39** ; **40** ; **41**, 5 ; **48**, 9 ; **64**, 17. 19 ; **70**, 5.

Miséricorde : voir **Tendresse**.

Moine : Celui qui cherche Dieu seul, dans un monastère avec d'autres frères. Il quitte sa famille, il ne se marie pas, il n'a rien à lui. Il obéit à une Règle, et à un abbé qui l'aide à trouver la volonté de Dieu.

Monastère : Maison des moines.

Murmurer : Se plaindre, critiquer, ruminer dans son cœur ou avec d'autres, quand on n'est pas d'accord avec les paroles ou les décisions d'un supérieur. **4**, 39 ; **5**, 14. 17-19 ; **23**, 1 ; **34**, 6-7 ; **35**, 13 ; **40**, 8-9 ; **41**, 5 ; **53**, 18.

Négligent - Négligence : Celui qui agit avec peu de soin, qui manque d'attention, ou qui ne fait pas ce qu'il doit au moment où il faut. La négligence est le défaut de celui qui est négligent. **2**, 25 ; **7**, 22 ; **11**, 13 ; **32**, 4 ; **36**, 6. 10 ; **43**, 5. 14 ; **45**, 2 ; **48**, 23 ; **49**, 3 ; **50**, 4 ; **64**, 6 ; **73**, 7.

Novice : Jeune qui vient au monastère et commence à vivre la vie des moines. **58**.

Obéir - Obéissant : **Prol.** 2. 3. 40 ; **2**, 6. 17. 25 ; **3**, 5-6 ; **4**, 61 ; **5** ; **7**, 34. 35 ; **68** ; **71** ; etc.

Oratoire : C'est le lieu réservé à la prière. Actuellement, on emploie souvent le mot chapelle qui est une petite église. **7**, 63 ; **11**, 13 ; **24**, 4 ; **25**, 1 ; **35**, 15 ; **38**, 3 ; **43**, 8 ; **44**, 1-2. 6. 9 ; **50**, 1 ; **52**, 1. 5 ; **58**, 17. 26 ; **63**, 18 ; **67**, 3.

Paix : **Prol.** 17 ; **4**, 25. 73 ; **31**, 17 ; **34**, 5 ; **53**, 4-5 ; **63**, 4 ; **65**, 11.

Pardon : **4**, 30. 73 ; **13**, 13.

Patience : **Prol.** 37. 50 ; **2**, 25 ; **4**, 30 ; **7**, 35. 42 ; **36**, 5 ; **58**, 3. 11 ; **68**, 2 ; **72**, 5.

Pauvreté : **7**, 49 ; **33** ; **34** ; **40**, 5. 8 ; **48**, 7 ; **54** ; **55**, 7. 18 ; **59**, 3-5.

Pensées : **Prol.** 28 ; **1**, 5 ; **4**, 50 ; **7**, 12-18. 44 ; **65**, 5.

Pères **Pères catholiques** : Voir page 59, note 21.
Pères monastiques : Dans la Règle, il s'agit des Pères du désert. **18**, 25.

Présence de Dieu : **4**, 49 ; **7**, 10. 18 ; **19**, 1. 6 ; **58**, 18.

Prier - Prière : **Prol.** 4. 41 ; **4**, 56-57. 72 ; **17**, 5 ; **19** ; **20** ; **27**, 4 ; **28**, 5 ; **35**, 15 ; **38**, 2 ; **43**, 13 ; **44**, 4 ; **49**, 4. 8 ; **52** ; **53**, 4. 8 ; **58**, 23 ; **67**, 1-4.

Promesse : Engagement pour toujours. **58**.

Prophète : Celui qui parle au nom de Dieu. C'est le nom que saint Benoît donne à l'auteur des psaumes.

Prudence : **8**, 1 ; **61**, 4 ; **64**, 12. 14. 18. 19.

Pur - Pureté de cœur : Avoir le cœur pur, c'est refuser tout désir et toute pensée qui s'opposent à l'amour de Dieu. Le moine doit chercher sans cesse cette pureté de cœur qui permet de « voir Dieu » (*Matthieu* 5, 8). **4**, 64 ; **20** ; **49**, 2.

Règle : Livre de vie du moine qui lui permet de marcher droit vers Dieu. **1**, 2. 6 ; **3**, 7. 10-11 ; **7**, 55 ; **23**, 1 ; **32**, 5 ; **37**, 1-2 ; **48**, 20 ; **54**, 5 ; **58**, 9-16 ; **60**, 2-3. 5. 9 ; **62**, 3-4. 7. 11 ; **64**, 20 ; 65, 17-19 ; **66**, 8 ; **67**, 6 ; **70**, 6 ; **73**, 1. 8.

Renoncer : Dire non à soi-même pour suivre le Christ. **Prol.** 3 ; 4, 10 ; **5**, 7.

Réparer - Réparation : **5**, 19 ; **11**, 13 ; **24**, 4. 7 ; **27**, 3 ; **43**, 6. 11-12. 16 ; **44** ; **45**, 1 ; **46**, 3 ; **71**, 8.

Respect confiant envers Dieu ou **Respecter Dieu avec confiance** : Ces mots traduisent ce que la Bible et la Règle appellent la crainte de Dieu. Craindre Dieu, ce n'est pas avoir peur comme un esclave devant son maître. C'est obéir, faire la volonté de Dieu, comme un fils qui respecte son père et qui lui fait confiance. **Prol.** 12. 29 ; **3**, 11 ; **5**, 9 ; **7**, 10-11 ;

19, 3 ; **31**, 2 ; **36**, 7 ; **53**, 21 ; **64**, 1 ; **65**, 15 ; **66**, 4 ; **72**, 9.

Salut - Sauver : Être sauvé, c'est participer à la vie de Dieu. **2**, 9. 33 ; **7**, 36 ; **25**, 4 ; **41**, 5.

Service - Servir : En écrivant sa Règle, saint Benoît veut « organiser une école pour apprendre à servir le Seigneur ». **Prol.** 45.
Le service du Seigneur, ce sont toutes les actions bonnes par lesquelles les moines cherchent Dieu, surtout en aimant leurs frères. **Prol.** 45 ; **1**, 2 ; **2**, 20. 31 ; **5**, 3 ; **35**, 1-2. 6. 13 ; **36**, 1. 4 ; **38**, 6. 11 ; **46**, 1 ; **49**, 5 ; **53**, 18 ; **61**, 10 ; **64**, 21.
C'est avant tout la prière commune des moines, chantée et récitée. En latin : *Opus Dei*. En français : *Service de Dieu (voir chapitre 43, 3)*. **8** à **20** (surtout **16** et **19**) ; **43** ; **47** ; **50**.

Silence : Garder le silence, c'est savoir se taire pour écouter Dieu et lui parler dans son cœur. **6** ; **7**, 35. 56 ; **38**, 5 ; **42** ; **48**, 5 ; **52**, 2.

Souffrir loin de Dieu : Voir **Loin de Dieu**.

Stabilité : **4**, 78 ; **58**, 9. 17 ; **60**, 9 ; **61**, 5.

Tendresse : Ce mot traduit ce que la Bible et la Règle appellent **miséricorde**. Dieu montre son cœur de Père, sa tendresse, en venant au secours de ses enfants tombés dans la misère ou le péché. Voir **Bienveillant**. **4**, 74 ; **7**, 46 ; **53**, 14 ; **64**, 10.

Travail : **40**, 5 ; **46**, 1 ; **48** ; **50**, 1 ; **53**, 18.

Vie avec Dieu pour toujours : Ces mots traduisent ce que la Bible et saint Benoît appellent la **vie éternelle**. **Prol.** 17. 42 ; **4**, 46 ; **5**, 3. 10 ; **7**, 11 ; **72**, 2. 12.

Volonté égoïste : C'est la volonté humaine qui ne cherche que son plaisir. **Prol.** 3 ; **1**, 8 ; **3**, 8 ; **4**, 60 ; **5**, 7 ; **7**, 12. 19. 31 ; **33**, 4.

INDEX DES CITATIONS BIBLIQUES

Les chiffres qui suivent les pointillés indiquent les chapitres et versets de la Règle

TABLE DES MATIÈRES

Imprimé en France. - JOUVE, 1, rue du Docteur Sauvé, 53100 MAYENNE
N° 643994C. - Dépôt légal : mars 2011

COLLECTION « LA TRADITION, SOURCE DE VIE »

1. Véronique DUPONT, *Les Pères de l'Église, témoins du Christ*

2. *La Règle de Saint Benoît*